ハンナ・アーレント

真理と政治／政治における嘘

引田隆也・山田正行訳
國分功一郎解説

みすず書房

"Truth and Politics"
in BETWEEN PAST AND FUTURE
"Lying in Politics: Reflections on the Pentagon Papers"
in CRISES OF THE REPUBLIC

by

Hannah Arendt

目次

凡例

一、本書はハンナ・アーレント『過去と未来の間』（引田隆也・齋藤純一訳、みすず書房、一九九四年　Hannah Arendt, *Between Past and Future: Eight Exercises in Political Thought*, New and Enlarged Edition, Viking Press, New York 1968）より「真理と政治」を、同じく『暴力について——共和国の危機』（山田正行訳、みすず書房、二〇〇〇年　*Crises of the Republic*, Harcourt Brace Jovanovich, Inc., New York 1972）より「政治における嘘——国防総省秘密報告書《ペンタゴン・ペーパーズ》についての省察」を抜粋し、新たに刊行するものである。

一、本書刊行にあたり、それぞれの訳者により既訳の見直し、修正、訳註の追加などを施し、新たに「訳者あとがき」および「人名索引」「事項索引」を加えた。

一、本文および原註における（　）、［　］は著者が用いているもの、〔　〕は訳者による補足をあらわし、〈　〉は文意を明確にするために訳者が付したものである。

一、引用に際しては、邦訳のある引用は註で対応箇所を示すように努めたが、文脈に応じて訳文を変更したところもある。また「訳者あとがき」の引用には註を付さなかった。引用を使わせていただいた訳者の方々には、この点ご諒解願いたい。

一、本文、註および索引における人名、地名等の固有名詞のカタカナ表記は、慣用に従った。

一、巻末に國分功一郎による「解説」を付した。

政治における嘘

——国防総省秘密報告書《ペンタゴン・ペーパーズ》についての省察

「世界最大の超大国が、その真価が白熱した議論になっている争点をめぐってちっぽけな後進国を打ちのめし屈服させようとしているいっぽうで、一週間に千人もの非戦闘員を殺したり重傷を負わせているさまは、見よいものではない」

ロバート・S・マクナマラ

1

国防総省秘密報告書《ペンタゴン・ペーパーズ》――四七巻に及ぶ『ベトナム政策に関する合衆国の意思決定過程の歴史』（ロバート・S・マクナマラ国防長官(訳註1)により一九六七年六月に委嘱され一年半後に完成）は、一九七一年六月にニューヨーク・タイムズが公けにして知られるようになった。第二次世界大戦から一九六八年五月までのインドシナにおけるアメリカの役割についての証拠となる記録を豊富に含むこの極秘文書は、読む人によって異なった物語を語り、異なった教訓を与えている。ベトナム戦争が冷戦と反共イデオロギーの「論理的」帰結であったことがやっとわかったという人もいれば、政府の意思決定《ディシジョン・メイキング》過程について知るためのまたとない機会だという人もいる。しかし、秘密報告書が提起している根本的な争点は欺瞞であるという点で、今日大部分の読者の意見は一致している。いずれにせよ、ニューヨーク・タイムズに掲載するためにこの秘密報告書を編集した人びとの念頭にこの争点が第一にあったことはまったく明らかであるし、少なくとも元々の四七巻の調査研究を準備した執筆者チームにとっても、これが争点の一つであったと考えられる。[1] すっかり有名になった「信頼性のギャップ」〔訳註3〕は、この六年というもののわたしたちのあいだでわだかまっていたが、突然深い淵となってさらけ出された。あらゆる種類の嘘の声明――欺瞞であり自己欺瞞でもあるのだが――の泥沼が、この資料を検討したいと思っているすべての読者を飲み込んでしまいそうであるが、不幸なことに、読者はそれがほぼ一〇年にわたる合衆国の内政および外交政策の下部構造《インフラストラクチャー》であることを認識するに違いない。

政府の首脳レヴェルが真理ないしは真実を重んじることなく政治に携わる期間があまりにも長きにわたったために、また、それに付随して、武官と文官とを問わず統治の業務のあらゆる位階に嘘が増殖するのを許していたために――〔実例を挙げれば〕対ゲリラ掃討部隊の発表するでたらめの死者数、敵の損害について空軍がでっちあげた報告書、[2] 自分が書く報告書によって自分の功績が評価されることを承知している下士官がワシントンに書き送った「進捗」報告書[3]――わたしたちは、過去の歴史の背景（過去の歴史それ自身も正確にいえば汚点のない美徳の物語ではない）を忘れる誘惑にたやすく陥ってしまうが、今回のエピソードは過去の歴史を背景として理解され判断されなければならない。

秘密――外交においては「裁量」とも「国家機密」とも呼ばれる――そして欺瞞、政治的目的を達成するための正統な手段として用いられる意図的な虚偽や明白な嘘は、有史以来わたしたちとともにあった。真理を重んじることが政治の徳とみなされたためしはないが、嘘はつねづね政治的な取引において正当化できる道具とみなされてきた。こうした事柄を省察してみると、わたしたちの哲学的思考や政治的思考の伝統のなかで、一方では行為《アクション》の本性に、他方では思想や言葉のうえでどんなことであれ問題になっていることを否定する能力の本性に、いかに注意が払われてこなかったかに驚かないわけにはいかない。嘘をつくというこの能動的、攻撃的な能力は、誤謬を犯す、錯覚に陥る、記憶が歪む、その他何であれ、感覚的および精神的器官の欠陥に原因を求めることのできる間違いを犯しやすいという受動的な性質とは明らかに異質なものである。

人間の行為の特徴は、つねに何か新しいことを始めることにあるが、それは一番最初から始める、無から創造することができる、ということを意味するわけではない。行為をなす余地をつくるためには、以前からあったものを取り除いたり壊さなければならず、元のままのものは変えられることになる。そうした変化は、もしわたしたちがいま自分のからだがあるところから頭のなかで自分自身を移して、さまざまな事物がいま現にあるのとは異なるものであるかもしれないことを想像することができなければ、不可能である。いいかえれば、事実の真理〔訳註4〕の意識的な拒否（嘘をつく能力）と事実を変える能力（行為する能力）は互いに繋がっているのであって、両者は構想力という共通の源泉によってはじめて存在するのである。実際には雨が降っているときに「太陽が照っている」ということができるのは、けっしてあたりまえのことではない（何らかの脳の損傷のためにこの能力が失われることもある）。むしろ、それは、わたしたちは感覚的にも精神的にも世界にたいして十分やっていけるだけの能力を備えているけれども、世界の他のものと取り替えることができない一部分として世界にぴったりはまっていたり埋め込まれているわけではないということを示している。わたしたちには世界を変え、そのなかで何か新しいことを始める自由がある。存在を否定したり肯定する精神の自由、「イエス」と「ノー」をいう精神の自由──賛成や反対を表明するための言明や陳述にたいしてばかりでなく、賛成・反対を超えて知覚と認識を司る器官に与えられているままの事物にたいして「イエス」と「ノー」をいう自由──がなければ、どんな行為もできないだろう。そして、いうまでもなく政治はまさに行為で成り立っているのである。(4)

したがって、嘘について、とりわけ行為する人びとのあいだでの嘘について語るときには、嘘が人間の罪深さから何らかの偶然によって政治に紛れ込んだのではないことを忘れないようにしよう。この理由だけからでも、道徳的な憤激によって嘘が消滅することはありそうもない。意図的な虚偽は偶然的な事実と関連している。すなわち、それ自体のうちに固有の真理をもたない事柄、現在の状態のままである必然性のない事柄と関連している。事実の真理はけっして有無をいわさぬ強制的な真理ではない。わたしたちがそのなかで日常生活を送っている事実の織地全体がいかに傷つきやすいものであるかは、歴史家のよく知るところである。それはつねに一つひとつの嘘によって穴を開けられたり、集団、国民、階級の組織的な嘘によって引き裂かれ、否定され、歪められ、またしばしば山のように積み重ねられた虚偽によって周到に覆い隠されたり、ただ忘却の淵に沈むに委されたりする危険にさらされている。事実が人間の事柄の領域に安住の地を見いだすためには、記憶されるための証言や確証されるための信用のおける証人が必要である。この点からすれば、いかなる事実についての言明でも疑いの余地がないということはありえない、たとえば二足す二は四であるという言明のように確実で攻撃から守られているものなのではない、ということになる。

欺瞞がある程度まではきわめてたやすいものであり、また人がその誘惑に抗しきれないのは、事実のもつこの傷つきやすさのためである。事態がまさしく嘘を語る者が主張するとおりであるかもしれないので、欺瞞はけっして理性と対立するようにはならない。嘘を語る者は聴衆が聞きたいと思っていることや聞くだろうと予期していることを前もって知っているという非常に有利な立場にいるので、嘘はしばしばリアリティよりもはるかにもっともらしく、理性にアピールする。嘘をつく人は公衆が信用して消費してくれるように注意深く目配りしながら物語を用意するが、リアリティはわたしたちが受け入れる準備のできていない予期せぬものをつきつけるという困った習性をもっている。

正常な環境では、リアリティに取って代わるものがないことから、嘘つきはリアリティに敗北する。経験豊富な嘘つきの提供する虚偽の織物がいかに大きかろうとも、それは、たとえかれがコンピュータの助けを借りたとしても、膨大な事実性を覆いつくすほど大きいということはけっしてあるまい。嘘をつく人は、一つひとつの虚偽を作り出すことはいくらでもできるであろうが、主義としてずっと嘘をついてなお無事であるというのはできない相談であることには気がつくだろう。このことは、全体主義の実験や全体主義支配者が嘘の力——たとえば、過去を現在の「政治路線」に合わせるために繰り返し歴史を書き換える能力や自分のイデオロギーに一致しないデータを抹殺する能力——に寄せるぞっとするような信頼から学ぶことのできる教訓である。だから社会主義経済においては、失業が存在することは否定されるであろうから、失業した人間は存在しない人間となるだけである。

そのような実験が暴力手段をもつ人びとによって行われるときわめて恐ろしい結果を招くが、欺瞞がいつまでも続くということはない。そこから先では嘘が逆効果になるような点が必ずやってくるのである。この点に到達するのは、嘘を聞かされる聴衆が、生き残れるためには真理と虚偽を隔てる分割線をまったく無視せざるをえなくなったときである。あたかも信じているかのように行動することに命が懸かっているとなれば、真理も虚偽ももはやどうでもいいことになる。信じることのできる真理が公的生活からまったく姿を消してしまい、それとともに、絶えず変化する人間の事柄における主要な安定化要因も消滅してしまう。

これまでに発展してきた嘘つきの術《すべ》の数多くのジャンルに、さらに二つの新種をつけ加えなければならない。第一は、その生業《なりわい》をマディソン・アヴェニュー(訳註5)の創意工夫から学んだ政府の広報担当者の用いる、一見害のない嘘である。広報は広告の一種にすぎないのであって、市場経済をとおして販売される商品にたいする度外れた欲望をもつ消費社会から生まれたものである。広報マンの気質で困るのは、取り扱うものが意見や「善意」、購買意欲、すなわち、具体的なリアリティが最小限であるような無形物ばかりだという点である。ということは、広報マンの創意工夫があたかも限りないものであるかのように見えるということである。なぜかといえば、かれには政治家のような行動力、すなわち、事実を「創造する」力が欠けており、したがって権力に限界を設け構想力を地上に引き戻す単純な日常的リアリティが欠けているからである。

広報マンの振る舞いの限界は、ある石鹸を買わせるように「操作」することのできるかもしれない人びとでも——恐怖心を利用して強制することはもちろんできるとしても——、意見や政治的見解を「買う」ように操作することはできないことにかれが気づくまでは明らかにならない。それゆえに、人間を操作できる限界についての心理学的前提は、一般人や学者の意見の市場で販売される主要な商品の一つとなってきた。しかし、このような学説が人びとの意見を形成する仕方を変えるわけではないし、自分の考えに従って行動するのを妨げるものでもない。恐怖心を利用する以外で、かれらの行動をほんとうに左右できるのは、いまだに昔ながらの棒とその先に人参をくくりつける方法だけである。いたるところ広告だらけの乱痴気騒ぎのなかで成長し、政治の半分は「イメージづくり」で、残り半分はそのイメージを人びとに信じ込ませる術であると教わった最近の世代の知識人は、「理論」ではいかんともしがたいほど状況が深刻になると、ついついいつも棒と人参の古い格言に頼ろうとする。これは別段驚くべきことではない。かれらにとって、ベトナムの冒険で最もがっかりしたのは、棒と人参の方法では効かない人びとがいることの発見であればよかったのだが。

（何とも奇妙なことに、完全なる操作の理想的な犠牲者になりそうな唯一の人物は合衆国の大統領である。かれは、その職務の膨大さゆえに、最近リチャード・J・バーネットが「国家安全保障マネージャー」と呼んだ顧問たちに取り囲まれていなければならない。かれらは「主としてその大統領の耳に入ってくる情報を濾過し、大統領のために外の世界を解釈してやることによってその権力を行使する(5)」。いわれるところの最強国の最高権力者である大統領は、その選択の範囲があらかじめ決定されることがありうるこの国で唯一の人物であると唱える向きもあるだろう。もちろん、そんなことになるのは行政部が議会の立法権力から切り離されてしまったときだけであるが。わが国の統治システムにおいては、上院が外交問題の処理に関与し忠告する権力を行使することを剝奪されたり躊躇した場合には、論理的な帰結としてそういうことが生じる。上院の機能の一つは、いまでは誰もが知っているように、意思決定過程を社会全体の一時的な気分や趨勢から守ることである——この場合には、わが国の消費社会やそれに媚びる広報を切り回している連中のおふざけから守るということになる。）

第二の新しい種類の嘘つきの術は、日常生活ではさほど見られないが、国防総省秘密報告書では第一の術よりも重要な役割を演じている。それは、はるかにすぐれた人びと、たとえば文官のなかの高官にも見いだされるような人びとにもアピールするものである。かれらは、ニール・シーハンの適切な表現を借りるならば、プロフェッショナルな「問題解決者」(6)であり、大学やさまざまなシンクタンクから政府に引き抜かれた人たちであって、なかにはゲーム理論やシステム分析《アナリシス》を身につけていて、外交におけるあらゆる「問題」を解決する準備ができているとみずから信じている者もいた。マクナマラの指示による研究の執筆者のうちのかなり多くがこのグループに属する人たちであったが、そのうちの一八人は将校であり、残りの一八人はシンクタンク、大学、官庁から集められた文民であった。かれらはたしかに「ハトの群ではなかった」——「合衆国のベトナム介入に批判的なのは」ごく「一部だった[7]」が、政府の機構の内部で起きていたことについての、もちろん完全なものではないにせよこの正直な話をわたしたちが知ることができたのは、かれらのおかげなのである。

問題解決者たちの特徴は大変な自信家であることだったが、かれらは「自分の有能さが何事にも打ち勝つことを疑ったことがないように思われる」人たちであり、「「つねに勝利を収めた人びと[8]」と歴史がいうところの」軍部といっしょに作業をした。とはいえ、自分の演じた役割を自己防衛のための秘密の陰に隠そうという役者たちの目論見（少なくとも回想録を書き終わるまでは——回想録は今世紀の最も欺瞞に満ちた文学ジャンルとなっている）が失敗に終わったのは、こうした人たちのあいだでは珍しいことなのだが、問題解決者たちの公平不偏の自己吟味のおかげであることを忘れてはならない。秘密報告書の執筆者たちが根本のところで高潔な人びとであることは疑いを入れない。実際、かれらは「百科全書的で客観的な」報告書を作成し、それによって「どんな結果になってもかまわない[9]」といえるだけの人物であると、マクナマラ長官の信用を勝ち得ていたのである。

しかし、賞賛に値するこうした道徳的性質も、かれらが長年にわたる欺瞞と虚偽のゲームに参加するのを妨げなかったのは明らかである。「地位、教育、業績に[10]」自信があったために、おそらくは誤った愛国心に基づいてかれらは嘘をついたのであろう。しかし、肝心なことは、かれらが嘘をついたのは自国のためではなく――間違いなく自国の存亡のためではない、それは焦眉の問題ではまったくなかった――むしろ自国の「イメージ」のためであったという点である。かれらが有能であることは疑いの余地がないにもかかわらず――そのことはかれらの筆になる多くのメモをみれば明らかである――、かれらもまた政治を広報の一種にすぎないと信じていたのであり、この信念の基底にある奇妙な心理学的前提に魂を奪われていたのである。

　とはいえ、かれらはふつうのイメージづくりをする人とは明らかに違っていた。その違いは、かれらが同時に問題解決者でもある点である。したがって、かれらはたんに有能であるばかりでなく、自分が「合理的」であることを誇りとしていたし、実際かれらはいささかどきっとするほど「感傷」のかけらもなく、「理論」すなわちひたすら頭脳の努力だけの世界を愛していた。かれらは公式、それもできることならリアリティがかれらに提示するまったくばらばらな現象を統一するような数学まがいの言語で表された公式を見つけだすのに熱心だった。すなわち、かれらは、かつて物理学者が自然現象を必然的で確かなものと信じていたように、政治的・歴史的事実を必然的で確かなものとして説明し予言する法則を発見することに熱心だったのである。

　けれども、その起源が何であれ、人が作ったものや人が定めたのではない、それゆえ、事実として与えられたリアリティにたいしてもっぱらきわめて注意深く忠実な態度をとることをつうじて観察し、理解し、いずれは変更することもできる事柄を扱う自然科学者とは違って、歴史家は、政治家と同様に、人間の行為の能力に、ということはつまり物事のあるがままの状態からの人間の相対的な自由にその存在が依存する、人間の事柄を対象としている。自分の未来を支配することができると感じるところまで行動する人間は、過去をも支配したいという誘惑にいつまでも駆られるものである。行為への欲求があり理論を愛してもいるかぎり、かれらには、理論や仮説的説明が事実によって検証されるか否定されるまで待つという自然科学者の辛抱強さはないだろう。それよりむしろ、かれらは、自分のリアリティ――それは結局のところはじめに人間がつくったものであり、したがって別のものでもありえたのである――を自分の理論にはめ込むことによって、あっては困る偶然性を頭のなかで抹消しようという誘惑に駆られるだろう。

理性の偶然性嫌いはきわめて根強い。「哲学的考察は偶然的なものを除去する以外のいかなる意図ももたない(11)」と考えたのは、壮大な歴史図式の父ヘーゲルであった。実際、現代の政治理論の武器庫にあるものの多く――ゲーム理論やシステム分析、想定される「聴衆」のために書かれたシナリオ、通常三つの「選択肢《オプション》」（A・B・CのうちAとCが両極端を表しBが問題の「論理的」中道的「解」を表す）からなる慎重な枚挙――は、この根深い嫌悪に由来している。このような思考法の誤りは、その選択の範囲を互いに相容れないディレンマのなかに押し込んでしまうことに端を発している。リアリティは、論理的帰結を引き出すための前提のようなきちんとしたものを提供することはけっしてないのである。AとCとをともに望ましくないものとし、それゆえにBをよしとするような種類の思考は、無数にある真の可能性から人の気をそらし、判断力を鈍らせる以外のどんな役にも立たない。これら問題解決者たちと丸腰の嘘つきとの共通点は、事実を抹消しようとする目論見と、事実がほんらい偶然的なものであるがゆえに抹消は可能であるという自信をもっていることである。

理論によっても意見の操作によってもそのようなことはけっしてできないというのが事柄の真理である——事実の抹消は、あたかもある事実を世界から安全に除去するには十分な数の人びとがそのような事実は存在しないと信じさえすればよい、というに等しい。それは徹底的な破壊によってのみなすことができる——スミス夫人は死んだといってから彼女を殺しに行く殺人犯のような場合である。政治の領域においてこのような破壊を行うとすれば、大量の破壊を行わなければならないだろう。いうまでもなく、ベトナム戦争において恐るべき数の戦争犯罪が犯されているにもかかわらず、政府のいかなるレヴェルにおいてもそのような大量破壊への意志はまったくなかった。しかし、ヒトラーとスターリンの場合のように、このような意志があったとしても、それを遂行する権力は全能でなければならなかったであろう。ロシア革命の歴史からトロツキーの役割を抹殺するためには、かれを殺害し、ロシアのあらゆる記録からかれの名前を抹殺するだけでは不十分であって、かれの同時代人を一人残らず殺し、地球上のすべての国の図書館や文書館に権力を行使できなければならないのである。

2

国防総省秘密報告書《ペンタゴン・ペーパーズ》をめぐる争点の中心が、錯覚、過失、誤算といった類いのものではなく、隠匿、虚偽、意図的な嘘の役割といったものになった主な原因は、少なくともバンタム版での記載を見るかぎり、誤った決定や嘘の声明が諜報機関の驚くべき正確な事実の報告を一貫して無視して行われたという奇妙な事実にある。ここで決定的に重要なのは、嘘をつく政策が敵に向けられたことはほとんどないばかりでなく（秘密報告書がスパイ法にひっかかるような軍事機密をまったく漏らしていない理由の一つはここにあるのだが）、もっぱらというわけではないにせよ主として国内向け、国内での宣伝《プロパガンダ》のため、とくに議会を欺くことを目的としていたという点である。敵はすべての事実を知っており上院外交委員会は何一つ知らなかったトンキン湾事件(訳註6)は、その一例である。

これよりもいっそう興味深いのは、この悲惨な企てにおけるほとんどすべての決定が、おそらく実行不可能であろうという事実を十分認識したうえで下されていたこと、したがって目標がつねに変更されなければならなかったことである。まず公けに発表された目的――「南ベトナム人民がみずからの将来を決定できるようにするため」とか「共産主義者の陰謀……との戦いに勝つように同国を援助する」とか、中国を封じ込めてドミノ効果が起きないようにすることや「反破壊活動の保証人としての」アメリカの名声を守るため――がある。[12] ディーン・ラスク[訳註7]は最近これらに第三次世界大戦を防ぐためという目的をつけ加えたが、それは秘密報告書には見あたらないようだし、わたしたちの知るかぎりでの事実の記録のなかで役割を演じたと思われるふしはない。同じような融通無碍さは戦術の検討にも見られる。たとえば、南ベトナムの「国民の士気の衰え[13]」を防ぐために、とりわけサイゴン政府の崩壊を防ぐために北爆を行う、というような説明がそれである。しかし、最初の爆撃計画が開始された時点で政府はすでに崩壊しており、「サイゴンは大混乱に陥っており」、爆撃を延期して新たな目標を見つけなければならなかった。[14] こんどは「ハノイにベトコン[訳註8]とパテト・ラオ[訳註9]を制止させる」という目的が掲げられたが、それは統合参謀本部ですら実現するとは期待していなかった。かれらもいっていたように、「このような努力によって決定的な成果をあげられると結論づけるのは根拠が不十分だろう。[15]」

一九六五年以降、決定的勝利という観念は後退し、「勝利が不可能であることを敵が納得するようにさせる」（傍点アーレント）ことが目的となった。敵は一向に納得しないので、「屈辱的な敗北を避けるため」という新しい目標が登場した――あたかも敗戦が意味するのは屈辱以外の何ものでもないかのように。国防総省秘密報告書が報告しているのは、敗北がもたらす影響につきまとう恐れであるが、それは国民の福祉にたいする影響ではなくて、「合衆国とその大統領の評判にたいする」（傍点アーレント）影響である。かくして、その直前に行われた北ベトナムへの地上軍投入の是非をめぐる多くの議論のなかで中心となったのは、敗北そのものについての恐れや撤退する場合の地上軍の安全性ではなく、「米軍がひとたび投入されれば、敗北を認めることなく……撤退するのはむずかしいだろう」（傍点アーレント）という点であった。[16] ついには「合衆国が友好国のために」、そして「約束を果たす」ために「どこまで尽くすかを世界に示す」という「政治的」[17] 目的がつけ加わった。

これらの目標すべては雑然と寄せ集まっていた。どれ一つとして、前にあった目標を取り消すことは許されなかった。それぞれが異なった「聴衆」に向けて掲げられ、それぞれに異なった「シナリオ」が作成されなければならなかった。引用されることの多いジョン・T・マクノートンの列挙した一九六五年における合衆国の目標は、「七〇パーセントは南ベトナム（保証人としてのわが国の評判にとって）屈辱的な敗北を避けるため、二〇パーセントは南ベトナム（および近隣諸国）を中国の手に渡さないため、一〇パーセントは南ベトナム人がよりよい、より自由な生活様式を享受するため」[18] となっている。これは小気味いいほど正直だが、おそらく、なぜわれわれはよりによってベトナムくんだりで戦争をしているのかという長きにわたって重苦しくのしかかっている疑問をめぐる論争をいくらかでも明確に整理するために書かれたのであろう。これよりも前に書かれた覚え書きの下書き（一九六四年）で、マクノートンはおそらくは無意識のうちに、この血なまぐさいゲームのこの初期の段階においてすら、かれ自身が実質的な目的を達成できるとはほとんど信じていなかったことを示している。「もし南ベトナムがわれわれの足下で完全に解体してしまうようなことになれば、われわれは米軍を撤退させ、南ベトナムの場合の例外性（もともと手の施しようがなかったこと）を世界に納得させる努力をするのに十分な時間だけ、南ベトナムの瓦解をくい止めるべきである。[19]」（傍点アーレント）

「世界を納得させること」、「合衆国は約束を守り、不屈で、危険を冒し、血を流して敵に大損害を与えるのをいとわぬ「良き医者」であることを証明する[20]」こと、「ある国が共産主義者の「解放戦争」に応戦するのを助ける合衆国の能力のテストケースとして[21]」いかなる戦略的重要性をもたぬ「ちっぽけな後進国」を使用すること（傍点アーレント）、全能者のイメージ、「全世界のリーダーシップをとる地位」を損なわないこと[22]、「世界の諸問題に関して合衆国が意のままにする意志と能力」を立証すること[23]、「友好国や同盟国にわれわれの約束の信用度」を示すこと[24]、要するに、この「単純な事実」（ウォルト・ロストウの言葉[25]）を世界に納得させるというただそれだけのために「世界の最強国」「らしく振る舞う」こと――これがジョンソン政権の発足以来、他のあらゆる目標や理論、ドミノ理論や冷戦初期の反共戦略、またケネディ政権が後生大事に掲げていた対ゲリラ活動戦略を舞台裏に押しやって、唯一の恒久的な目標となったのである。

究極の目標は権力ではないし利益でもなかった。特定の明確な利益を得るのに役立つような世界における影響力ですらなかった。そうした影響力のためには、威信、「世界の最強国」というイメージが必要とされ、そのような意図をもって使用された。イメージそれ自体が目標となったのであって、まさにそれは問題解決者たちが劇場から借りてきた「シナリオ」や「聴衆《オーディエンス》」といった言葉において露わに示されている。この究極の目標のために、すべての政策は短期間で相互に取っ替え引っ替えすることのできる手段となり、そしてついに、あらゆる兆候が消耗戦における敗北を示すようになると、目標はもはや屈辱的な敗北を避けることではなく、敗北を認めることを避けて「面子を保つ」方法と手段を見つけることとなった。

グローバルな政策としてのイメージづくり――世界征服ではなく、「人びとの心をとらえる」戦いにおける勝利――は、歴史に記録されている人間の愚行の巨大な兵器庫のなかでもたしかに新しいものである。それは、大言壮語することで現にあるものの埋め合わせに走りがちな三流国や、第二次世界大戦の結果として地位を失い、ド・ゴールのように虚勢を張ってかつての優越した地位を取り戻そうとする誘惑に駆られかねなかった古い植民地保有国ではなく、終戦の時点での「最有力国」によって行われたのである。選挙で選ばれた公職者――自分の選挙運動の責任者に大いにおかげをこうむっている、あるいは大いにおかげをこうむっていると信じている人――であれば、情報操作こそが人の心を支配するものであり、したがって真の世界の支配者であると考えるのも自然なことかもしれない。(『ニューヨーカー』の「摘録・寸評」欄で最近報道された、

「ニクソン－アグニュー政権は一九七二年の大統領選挙前に報道の「信頼性」を破壊するために、同政権の報道関係の管理者であるハーブ・クラインが組織し指導する運動を計画中である」という噂は、まさに広報の分野のものの見方にぴったり一致する話である。(26))

驚くべきなのは、この想像のなかにしかありえない企てに熱狂的に救いの手をさしのべた数多くの「知識人」の熱心さであるが、それはおそらく、かれらがこの仕事に必要とされるように見えるまったく混じりっけなしの頭脳労働に魅了されたからであろう。また、あらゆる事実の内容を、計算することのできる数字とパーセンテージに翻訳する訓練を受けた問題解決者たちが、かれらの提案する「解」――鎮圧や移住計画、枯葉作戦、ナパーム弾、対人弾――が、「救い」を必要としている「味方」にも、また、わたしたちが攻撃するまでは敵となる意志も力ももっていなかった「敵」にも与える、言語を絶する痛みに気がつかないままであったことも、至極当然なのかもしれない。しかし、かれらは人びとの心を扱っていたのに、「合衆国が約束を果たすためにどこまで尽くすか」が「示され」注視されたときに、「世界」がアメリカの友情や約束をむしろ怖がるようになるかもしれないということを、明らかにかれらのうちの誰一人として気がついていないのには、何とも驚かされる。(27) 問題解決者の頭のなかには、いかなるリアリティもいかなる常識も浸透しえなかった。(28) かれらは「それぞれの聴衆」――「(強いプレッシャーを感じているにちがいない) 共産主義者たち、(その士気を高めなければならない) 南ベトナム人、(わが国《アメリカ》を「保証人」として信用してもらわなければならない）同盟国、そして（合衆国の生命と威信を賭けての冒険を支持してもらわなければならない）合衆国の公衆[29]」――に向けて、その考え方を変えるためにうまずたゆまずそれぞれの「シナリオ」を準備していたのである。

今日わたしたちは、これらすべての聴衆がどれほど誤って判断されていたかがよくわかる。『米国政府《ワシントン》は侵略戦争を計画している』という本に寄せられたリチャード・J・バーネットのすぐれた論文によれば、この「戦争は、国家安全保障マネージャーたちがいずれの聴衆をも誤って判断したために大惨事となった[30]」のである。しかし、最大の、それどころか根本的な判断の誤りは、戦争という手段をもって聴衆に語りかけたことと、「政治的・広報的見地」（「政治的」とは次期大統領選挙の見地のことであり、「広報的」とは世界のなかでの合衆国のイメージのことであった）から軍事的な問題を決定し、真の危険を考えずに、ひたすら「悪い結果の影響を最小化するテクニック」を考えたことである。後者の点に関する提案としては、「世界のどこか他の地域で牽制的な「攻勢」を創造すること」が、「低開発地域のための「貧困撲滅」計画[31]」に着手することと並んで提案されている。この覚え書きの執筆者であるマクノートンはおそらく並はずれて有能な人物であろうが、かれのいう牽制が、劇場での娯楽[訳註10]とは違って、深刻な、そしてまったく予想できない結果をもたらすであろうということはかれの頭には一瞬たりとも思い浮かばなかったのである。もし思い浮かんでいたら、それは、合衆国がそのなかで活動し戦争を遂行している世界そのものを変えていたであろう。

国防総省秘密報告書を辛抱して最後まで読む読者をとらえて離さないのは、このリアリティからの乖離である。この点にかんしてバーネットは、先に挙げた試論のなかでつぎのように述べている。「官僚制モデルがリアリティに完全に取って代わった。きわめて多額の金を払ってきわめて多くの情報アナリストが収集した動かしがたい事実が無視された。[32]」官僚制の害悪は、たしかにこうした自分の立場にとって都合の悪い事実を遠ざける動きを押し進めたが、それで十分説明がつくとは思われない。いずれにしても、事実と決定との間、諜報機関と一般の行政事務や軍務との間の関係、というより無関係が、国防総省秘密報告書が露わにしたおそらく最も由々しき、そして間違いなく最も厳重に監視されていた秘密なのである。

この「不思議の国のアリス的雰囲気」のなかにいながら諜報機関がどうしてリアリティにぴったりくっついて離れないでいられたのか、それがわかればきわめて興味深いことであろう。秘密報告書はその雰囲気をサイゴン政府の不可解な振る舞いのせいにしているが、いまから振り返ってみると、それよりも、政治的な目標が設定され軍事的決定がそこにおいてなされる、自分の立場にとって都合の悪い事実が遠ざけられた世界を適切に描いているようである。というのも、東南アジアでの諜報機関の役割は、当初は前途有望というにはほど遠いものだったからである。国防総省秘密報告書の最初のほうに、アイゼンハワー政権の初期に「秘密の戦争」を開始する決定が記録されているが、その当時アイゼンハワー政権はまだ戦争を始めるにあたっては議会の承認が必要であると思っていた。アイゼンハワーはまだ憲法を信じているほど昔気質の人だったわけである。かれは議会の指導者と会ったが、議会はそんな決定を支持しないだろうと聞かされていたので、公然たる介入はしないことに決定した。[33] 後に、ケネディ政権が始まり、「公然の戦争」、すなわち戦闘部隊の派遣が議論されたときには、「主権国家にたいする公然の戦争行為について議会が承認するか否かの問題は、一度も真剣に提起されなかった。[34]」ジョンソン政権下において、米国の北ベトナム爆撃計画が外国政府に十分伝えられているときですら、議会指導者への同様の伝達や相談が行われた形跡はまったくない。[35]

アイゼンハワー政権時代に、エドワード・ランズデール大佐の指揮のもと、サイゴン軍事顧問団が編成され、「軍の補助的作戦を請け負い……政治的心理的戦争を遂行する[36]」ように命じられた。これが実際に行ったのは、敵方の仕業と偽ってパンフレットを印刷して嘘をまき散らし、フランスが北ベトナムを離れる前にハノイのバス会社の「エンジンのなかに汚染物質」を投入し、「重要人物の愛人たちのために……英会話の授業」を行い、ベトナム人の占星術師の一団を雇い入れるということであった。[37] このようなばかげた時期は六〇年代前半、軍隊がかれらに取って代わるまで続いた。ケネディ政権以後、対ゲリラ活動ドクトリンは後退した――おそらく、ゴ・ディン・ジエム大統領打倒の時期に、CIAが資金を提供していたベトナム特殊部隊が、ジエムの弟で政治顧問であった「ニュー氏の事実上の私設軍隊になっていた」ことが判明したからであろう。[38]

諜報機関の事実調査部門は、いかなるものであれ、現地でそれ以後も秘かに行われていた作戦からは切り離されていた。ということは、かれらは少なくとも新しいニュースそのものを創作するよりも、情報を集めることだけが任務であったということである。かれらは、はっきりした成果を示す必要はまったくなかったし、広報マシーンに入力するための朗報を作成するようにとか、「継続的な進展と、実際奇跡的なまでの改善」についてのおとぎ話を「年がら年中」[39]でっち上げるようにというワシントンからの圧力を受けているわけでもなかった。かれらは比較的独立した立場にあり、その結果、年がら年中真実を語っていた。これらの諜報機関においては、人びとは「上役に聞きたいと思っていることをかれが」報告してはおらず、「評価は施行者が行うのでもなく」、「ある米軍師団長が、部下の一人である地域顧問が自分の地域に制圧されていないベトコンの潜伏する村が引き続き残っていることを報告書に書くといってきかないのにたいして、「おい、おまえはこの国でのわれわれ自身についての報告を書いているんだぞ。なんでおれたちを陥れようとするんだ」といったのと同じようなこと[40]」を部下の工作員にいう指揮官もいなかったようである。また、情報の評価を任務としていた人びとは、問題解決者たちや、かれらの事実軽視、そしてあらゆる事実がもつ偶然的性格への軽視とは無縁であったらしい。こうした客観的利点にたいしてかれらが払った代償は、かれらの書いた報告書が国家安全保障会議の決定や提案になんら影響力をもたないままだったということである。

一九六三年以後になると、秘密の戦争時代を確認できる唯一の痕跡は、悪名高い「挑発戦略」、すなわち、「DRV［(北) ベトナム民主共和国］に、米軍が組織的な空爆作戦をもって報いることのできるような行動を起こさせるための意図的な試み(41)」の計画がすべてであった。このような戦術は戦争の計略のうちに入るものではない。それらは秘密警察の十八番であったし、帝政ロシア末期に悪名を轟かせ逆効果になった。当時秘密警察《オフラーナ》(訳註11)のスパイは、人びとが目を見張るような暗殺を組織することによって、「逆にかれらが告発しようとしている人びとの思想に奉仕することとなった(42)」のである。

3

諜報機関によって、ときには意思決定者自身（とくにマクナマラの場合のように）によって確認され、しばしば消息通の公衆にも知られていた事実と、最終的に決定が下されるにあたって用いられる前提、理論、仮説との間のズレは全面的なものである。そして、ここ何年かにわたるわが国の失敗や惨敗の程度は、このズレが全面的なものであることを頭にたたき込んでおかないと把握することはできない。それゆえ、読者には二、三の目立った例を思い起こしていただくことにしよう。

ドミノ理論についていうならば、この理論は一九五〇年にはじめて提唱され[43]、「最も重大な事件[訳註12]」といわれていた時期をどうにか生き延びたのであるが、「ラオスと南ベトナムが北ベトナムの支配下に入った場合には、残りの東南アジア諸国は必然的に陥落するであろうか」という一九六四年のジョンソン大統領の質問にたいするCIAの回答は、「カンボジアは多少あやしいが、それを除けばこの地域でラオスと南ベトナムが陥落した結果、ただちに共産主義の軍門に下る国はないであろう[44]」というものであった。五年後にニクソン政権が同じ質問をしたときにも、「［合衆国が］ただちに南ベトナムから撤退したとしても、「東南アジア全域は少なくとももう一世代は現状のままであろう」というのがCIAの回答[45]だった。国防総省秘密報告書《ペンタゴン・ペーパーズ》によると、「ドミノ理論を真に受けていたと思われるのは、統合参謀本部、［ウォルト・W・］ロストウ氏と［マクスウェル・］テイラー将軍だけ[46]」であるが、ここで肝心なのは、この理論を受け入れていなかった人もやはり声明で使っていただけでなく、かれら自身の前提の一部としてもそれを使っていたという点である。

南ベトナムにおける反乱分子は「共産主義者の陰謀」によって「外部から指揮され支援されて」いたという主張についていうならば、一九六一年に行われた諜報機関の査定では、「一万七千人と推定されるベトコンの八〇パーセントから九〇パーセントまでは現地で徴募されており、またベトコンが外部から支援されている証拠はほとんどなかった[47]」のである。三年後もこの状況に変化はなかった。諜報機関の一九六四年の分析によると、「南ベトナムの共産主義勢力の主たる補給源は現地〔南ベトナム〕である。[48]」言葉を換えていうなら、南ベトナムにおける内戦という基本的事実は意思決定者たちのあいだで知られていなかったわけではなかったのである。マイク・マンスフィールド上院議員は早くも一九六二年にケネディにたいして、南ベトナムにさらなる増援部隊を派遣するのは「アメリカ人が内戦での戦闘を牛耳ることになり……［それは］アジアにおけるアメリカの威信に傷をつけることになろうし、また南ベトナム人が自立するのを助けることにもならないだろう[49]」と警告していたのではなかったか。

それにもかかわらず北ベトナムへの爆撃が始まった[訳註13]のは、一つには、「外部からの支持と補給の源を断ち切れば革命を枯渇させせることができる」という理論によるものであった。意思決定者たち自身（この場合はマクノートン）、この反乱がそもそも南ベトナム内部の問題であることは重々承知していて、たとえ北ベトナムが降参しても、「その北ベトナムにベトコンが従う[50]」ことはないのではないかと思っていたし、統合参謀本部は「こうした努力が」ハノイの意志に「致命的な影響を及ぼすだろう」とは最初から信じていなかったにもかかわらず[51]、北爆は南における反乱者たちを支援する北ベトナムの「意志を挫く」ものとされたのである。マクナマラの報告によれば、一九六五年の国家安全保障会議の委員たちは、北ベトナムは「黙っている見込みはなく……いずれにしても、北での爆撃による「痛み」のためよりも、南でベトコンが敗北することによって、あきらめる可能性のほうが強い」という見方で一致していたのである[52]。

最後に、ドミノ理論から派生したにすぎないものであるが、中国の膨張主義という仮説に加えて、一枚岩的な共産主義者の世界征服の陰謀と中国・ソ連ブロックの存在という前提に基づいた大戦略があった。中国を「封じ込め」なければならないという考えは、一九七一年の今日、ニクソン大統領によって否定された(訳註14)。しかし四年以上前に、マクナマラは、「ベトナムへのわれわれの最初の介入および現在の行動が、アジアにおける中国の膨張主義にたいして歯止めをかける必要が感じられたことを契機としているかぎり、われわれの目的はすでに達成された[53]」と書いていたのである。ただし、そのわずか二年前には、かれは、南ベトナムにおける合衆国の目標は「「友好国を助ける」ことではなく、中国を封じ込めることである[54]」という見解に賛成していた。

戦争批判者たちは、これらの理論がどれも、知られている事実に明らかに反しているために非難してきたのである——たとえば中国・ソ連ブロックが存在しないことは、中国革命の歴史やスターリンが中国革命に断固として反対したこと、また第二次世界大戦終了以来の共産主義運動の四分五裂状態に通じている人ならば誰でも知っていることである。批判者のなかにはさらに一歩踏み込んで、自分の理論を展開したものもいる。それによれば、第二次世界大戦後、世界の最強国として登場したアメリカは、究極的に世界支配をめざす首尾一貫した帝国主義的政策をとりはじめたというのである。この理論の強みは、そもそもこの企てのなかで国益が追求されていないことの説明がつくという点にあった――帝国主義的意図のしるしは、つねにそれが国益に導かれていたり領土の境界線によって限定されたりしていないことにある――けれども、この理論では、この国が狂気に憑かれたように「その資源を見当違いの場所にある下水口に流し込んでいる」(これはジョンソン政権の国務次官で、あえてタブーを犯して即時撤退を進言した唯一の顧問であったジョージ・ボールが一九六五年に、勇敢にも大統領に告げた言葉である) ことの説明がほとんどつかない(55)。

これは、明らかに、「過大な目的を達成するために限定された手段(56)」にはあたらなかった。「超大国」がその従属国の列にもう一つ小さな国をつけ加えること、あるいは「ちっぽけな後進国」に勝利を収めることが過大なことだったであろうか。むしろ、それはあまり利害関係のない地域の重要ではない目的を達成するために過大な手段を用いた信じがたい例だったのである。「各層の人びとが抱いていた「おえら方は頭がおかしくなっている」という確信」がとうとう国中に広がるにいたったのは、まさにこの片意地なあがきという誰もが抱かざるをえない印象のためであった。マクノートンが一九六七年に書いているように(57)、「われわれは自分たちが理解しえない遠く離れた人びとに合衆国のあるイメージを押しつけようとしており……しかもそれを不合理なまでにやっている、というのが人びとの感じていることである。」

いずれにしても、国防総省秘密報告書のバンタム版には、〔米国の政策を〕壮大な帝国主義的戦略理論〔とする説〕を支持するようなものは何も含まれていない。陸海空軍基地は帝国主義的戦略にとっては決定的に重要であるが、そのことが触れられているのは二度だけである——一つは、統合参謀本部が、もし「東南アジア本土を失う」ことによって「陸海空の基地」が失われれば、「限定戦争に関するわが軍の能力」は「顕著に」減退するだろうと指摘している箇所であり、もう一つは一九六四年のマクナマラ報告書のなかで、「われわれはそれ〔南ベトナム〕が西側の基地として、あるいは西側の同盟国として役立つことを必要とし**ない**」（傍点アーレント）とはっきり述べられている箇所である。(58)(59) この時代のアメリカ政府の公式声明のなかで、たしかに唯一ほぼ間違いのない真実だったのは、他の広報的な観念に比べるとはるかにもっともらしさに欠けるものではあるが、われわれは領土を獲得しようとか何か他の明確な利益を求めているのではないという声明であった。

このことは、古い植民地保有勢力が崩壊した後に、帝国主義的な調子を残しているとはいえアメリカがまがい物ではないグローバルな政策を打ち出すことは不可能であったということではない。国防総省秘密報告書は全体として見ると目覚ましい新事実には乏しいものの、わたしの知るかぎりではけっして噂の域を出ないものではあるが、グローバルな政策を打ち出すチャンスが少なからずあったにもかかわらず、それを捨ててイメージづくりと人びとの心をつかむことに突き進んでいくことを示すように思われる一つの出来事が明らかになっている。ハノイ駐留のアメリカの外交官からの電報によれば、ホー・チ・ミンは一九四五年と四六年にトルーマン大統領宛に何通か手紙を書いて、「フィリピンの例にならってアンナン人の独立という考えを支持し、アンナン人のいい分を検討し、インドシナを再征服しようというフランスの努力によって危険にさらされている世界平和の維持に必要な措置を講ずる」[60]（傍点アーレント）ように合衆国に要請したというのである。これと似たような書簡が中国、ロシア、イギリスなど他の国にも送られたことは間違いないが、しかしよりによってあの時期には、要請されたような保護を与え、インドシナを合衆国の他の従属国と同様の半自治領的な地位におくことのできる国は一つもなかったであろう。第二の、そして同じように目を惹く出来事は、当時明らかにワシントン・ポスト紙で言及されたが、一九六九年八月の国務省発行の資料「シリーズ中国特集」に記録されていたものである。しかし、それはニューヨーク・タイムズのテレンス・スミスの報告によってはじめて公衆の知るところとなった。毛沢東と周恩来は一九四五年一月にローズヴェルト大統領に接近し、「ソビエト連邦にたいする全面的な依存を避けるために合衆国との関係を樹立しようと試みた」（傍点アーレント）ことがわかっている。ホー・チ・ミンは返事を受け取ることはなかったし、中国の接近の情報は伏せられたが、それはアレン・ホワイティング教授のいうように、「モスクワの指示によって動く一枚岩の共産主義というイメージ」[61]に合わなかったからであった。

意思決定者たちは諜報機関からの報告書を読んで、そこで知った事実についての言明を、いってみれば明けても暮れても頭から追い出していたわけであるが、これらかなり以前の文書を知らなかった可能性は大いにあると思われる。それらの文書は、かれらの前提が本格的な理論へと成長して国を滅ぼすことができるようになる以前に、その前提に含まれている嘘を教えてくれていたであろう。機密文書の機密扱いを解除するという最近の変則的で予想されていなかった出来事に伴う奇怪な状況は、こうした方向を指し示している。国防総省秘密報告書が長い年月をかけて準備されていながら、ホワイトハウス、国務省、国防総省の人びとがどうもそれを無視してきたらしいのは驚くべきことである。しかし、秘密報告書が完成された後、政府官僚制内部のすべての方面に全巻が配布されていたにもかかわらず、ホワイトハウスと国務省はその四七巻の所在を突きとめることさえできなかったのは、もっと驚くべきことである。それは、この調査研究が述べていることに最も関心を抱くべきであった人びとがそれをまったく目にしていなかったことをはっきりと示している。

このことは、機密文書が過剰になった場合の重大な危険性の一つを浮き彫りにしている。すなわち、人民と選挙で選ばれたその代表者たちが、意見をまとめ決定を行うために知らなければならないことに近づくのを拒否されるというだけでなく、あらゆる重大な事実を教わる最高の許可証を受け取っているはずの関係者ですら、おめでたいことにそうした事実に気づかないままなのである。しかも、それは見えざる手のようなものが故意にかれらを迷わせているからというのではなく、かれらの働いている環境や精神の習慣が、九九・五パーセントは機密扱いにされるべきでなく、そのほとんどは実際の目的にとっては何の意味もない書類の山のなかから関連する事実を探し出す時間も気持ちも認めないからである。報道機関がこの機密資料の一部を公表し、連邦議会議員に全文書が提供された今日ですら、この情報を最も必要とする人びとがそれに目を通したとか、これから目を通すであろうという気配はない。いずれにしても確認しておくべき事実は、執筆者は別として、「この文書を研究したのは、ニューヨーク・タイムズに掲載されたときに読んだ読者がはじめて[62]」であるということであり、そうなると、〈政府はしかるべく機能しうるためには国家機密を必要とする〉というやみつきになった考え方はいったいどうなるのだろうかと考えさせられてしまう。

もし政府の秘密が肝心の関係者の頭脳を煙に巻いてしまったために、かれらが自分で隠匿し、ついた嘘の背後にある真実を知らないとかもう覚えていないとするなら、欺瞞のための作戦全体は、それがどんなによく組織された（ディーン・ラスクの言葉を借りていえば）「マラソン情報作戦」であり、マディソン・アヴェニュー流の凝った仕掛けであるとしても、失敗に終わり、逆効果となるだろう。いいかえれば、それは人びとを納得させせずに混乱させるであろう。というのは、嘘をついたり欺いたりすることのむずかしさは、その効果が、嘘をつく人や欺く人が隠したいと思っている真実を明晰に知っていることのうえに成り立っているからである。この意味で、真実は、たとえ公衆のあいだに広まっていないとしても、あらゆる虚偽にうち勝つ根強い優位性をもっているのである。

ベトナム戦争の場合、わたしたちは、虚偽と混乱に加えて、まことに驚くべき、そしてまったく無邪気な、歴史的に関連する背景についての無知に直面している。意思決定者たちが中国革命の周知の事実をまったく知らず、その前の一〇年にわたるモスクワと北京との食い違いについても知らなかっただけでなく、「最高首脳部で、ベトナム人は二千年にわたって外来の侵入者と戦ってきたことを知っていたり重要と思った人は一人もいなかった[63]」し、ベトナムは「文明」国に関心のない「ちっぽけな後進国」であるという認識は、不幸にも戦争批判者のなかにもそう考える者がまま見られるのであるが、この地域のきわめて古く高度に発展した文化とはあからさまに矛盾をきたす。ベトナムに欠けているのは「文化」ではなく、戦略的重要性（インドシナは「決定的な軍事目標を欠いている[64]」と一九五四年の統合参謀本部の覚え書きのなかでいわれている）、現代の機械化された軍隊に適した地勢、そして空爆に適した標的である。アメリカの政策と武力介入の壊滅的な敗北をもたらしたのは、けっして湿地（「もう一歩」――そのつど新たに踏み出す一歩が、その前の一歩も約束していたのになぜか収められなかった成功をつねに約束する――

政策は、アーサー・シュレジンジャー・ジュニアの言葉であるが、これを引用したダニエル・エルズバーグは当然のことながらこの考えを「神話」として非難している）[65]ではなく、歴史的、政治的、地理的事実のすべてを二五年間にわたって故意に、意図的に無視してきたことである。

4

湿地モデルが神話であり、壮大な帝国主義的戦略や世界征服への意志もみつからず、領土獲得への関心、利益への欲望はもちろん、国家安全保障への憂慮はさらになく、そのうえ（マクス・フランケルやレスリー・H・ゲルブがもちだした）「ギリシア悲劇」といった漠然とした観念や、敗れた戦争屋がお好みの匕首《あいくち》（訳註15）伝説に読者が満足しそうにないのであれば、「どうしてかれらはそんな真似ができたのか」[66]という最近エルズバーグ氏が提起した問いのほうが——欺瞞や嘘それ自体よりも——この陰惨な物語の根本的な争点となるであろう。というのも、結局のところ、第二次世界大戦が終了して以後世界で最も富める国でありかつ最も有力な国であった合衆国が、ほんの四半世紀後の今日では、不愉快ながらニクソン氏のいう「哀れな頼りない巨人」という比喩が「地上最強の国」にぴったりであるようになってしまったというのが真実だからである。

「火力に関して一〇〇〇対一の優位」[67]をもちながら六年間の公然たる戦闘で一小国を負かすこ

とができず、国内問題も処理できず、大都市の急速な荒廃を止めることもできず、資源の浪費の結果インフレと通貨切り下げが国際貿易のみならず国内の生活水準まで脅かしているために、この国は、世界のリーダーシップを求める自己主張よりもはるかに多くのものを失う危険にさらされている。二つの世界戦争での敗戦国が戦勝国との競争において首尾よく勝利を収めた二〇世紀の歴史（信じがたいほど無駄な軍備と軍事費を比較的長期にわたって取り除くように敗戦国が戦勝国から強制されたことが主たる原因であったが）の文脈のなかで、この展開を眺める未来の歴史家の判断を先取りするとしても、巨大であることの無力さを証明するために費やされた膨大な努力を自分自身に納得させるのはやはりむずかしい――ゴリアテに打ち勝ったダヴィデの話がこのような予期せぬかたちで壮大なスケールで甦ったことを歓迎する向きもあるかもしれないが。

「どうしてかれらはそんな真似ができたのか」という問いに答えようとするときに最初に思い浮かぶ説明は、欺瞞と自己欺瞞は互いに繋がっているものであるという点となろう。つねに楽観的すぎる〔政府の〕公式声明と、一貫して見通しの暗い諜報機関の真実を重んじる報告書との競争では、公式声明は、それが公式のものであるというただそれだけで勝利を収めることになりがちだった。どんなことであれ個人が密かに真実であると知る、あるいは真実であると信じることにたいして、公けに確立され受け入れられる陳述の大きな強みは、中世の或る逸話に巧みに描かれている。それによれば、見張りに立って敵が接近したらそれを町の人びとに知らせる役目を負った或る見張り番が、悪ふざけで偽《にせ》の警報を鳴らしたところ、かれがでっち上げた敵から町を守るために、〔町中の人びとが城壁に殺到しただけでなく〕最後には当の見張り番も城壁に駆けつけた、というのである。この話から、嘘がうまければうまいほど、また、信じ込ませる人が多ければ多いほど、嘘つきは最後に自分自身の嘘を信じるようになりやすい、という結論を引き出すことができそうである。

国防総省秘密報告書《ペンタゴン・ペーパーズ》のなかで、わたしたちは、人びとの心をとらえるため、いいかえれば、人びとを操作するために最善を尽くした人たちを目の当たりにする。しかし、かれらが骨を折っていたのはあらゆる種類の情報が利用できる自由な国であったので、実際にはけっして成功しなかった。かれらは政府のなかでの部署や地位は比較的高かったおかげで、――「機密」を知る特権をもっていたにもかかわらず――かれらが信じ込ませようとし、シナリオライターの作品を見物すると想定された特別なところは何もない聴衆、「物いわぬ多数派」という観点から考えられるような人びとと較べても、多かれ少なかれ事実の真理を伝えているこうした公けになっている情報から遮られていたのである。国防総省秘密報告書が暴露したことのなかに目覚ましい新事実はほとんどなかったという事実は、自分たちの嘘を信じ込んで自分自身もその仲間に入ることができるような聴衆を創り出すのに嘘つきたちが失敗したことを立証している。

エルズバーグが「内閉の自己欺瞞(68)」の過程と呼んだものが存在するのは疑う余地はないとはい

え、しかしそこでは通常の自己欺瞞の過程が逆転しているかのようだ。欺瞞が自己欺瞞で終わっていないようなのである。欺瞞者たちは自己欺瞞から始めているのだ。おそらくその高い地位と驚くべき自己過信のために、かれらは戦場ならぬ広報活動の場での圧倒的成功を信じて疑わず、人びとを操作する無限の可能性についての心理学的前提の完全さを確信していたので、人びとの心をとらえる戦いにたいする漠然とした信頼とそこでの勝利を期待していたのである。それに、かれらはいずれにしても自分の立場にとって都合の悪い事実が遠ざけられた世界に住んでいたので、聴衆が信じ込むのを拒否するという事実にたいしても、他の事実と同じようにちっとも注意を払わないでいることがむずかしくなかったのである。

官僚制と社交生活から成る統治の内閉した世界では、自己欺瞞は比較的かんたんに行われる。学者たちのたてこもるいかなる象牙の塔も、各種のシンクタンクが問題解決者に、またホワイトハウスの評判が大統領の顧問に用意したような、人生の事実を無視する気質を用意したことはかつてなかった。敗北よりも敗北を認めることのほうが恐れられるこの雰囲気のなかでこそ、テト攻勢(訳註16)やカンボジア侵攻(訳註17)の惨敗についての人を欺く声明がでっち上げられたのである。しかし、もっと重要なことは、このような致命的な事柄の真実が、——他のどこでもなく——この内輪のなかでは、「戦争に負けた最初のアメリカ大統領」になることをどうやって避けるかということについての心配と、つぎの選挙のことでいつも頭がいっぱいであることによって、うまい具合に隠蔽されえたという点である。

こうした広報活動の営みとは違って、問題解決のほうはといえば、自己欺瞞や、「内閉の自己欺瞞」ですら、「どうしてかれらはそんな真似ができたのか」という問いにたいする満足のいく答えにはならない。自己欺瞞はまだ、真理と虚偽、事実と夢想との間にはっきりした区別があることを前提としており、したがって、現実《リアル》の世界と、自分の立場にとって都合の悪い事実が遠ざけられた世界のなかに姿を消している自己欺瞞を犯している欺瞞者との間の抗争対立を前提としているわけである。ワシントンとその茫漠たる政府官僚機構は、この国の各種のシンクタンクと同様に、問題解決者たちに心身ともに心地よい天然の生息地を提供している。つねづね秘密や故意の欺瞞が幅を利かせている政治の領域では、自己欺瞞は一段と危険である。自己欺瞞を犯している欺瞞者は、自分の聴衆との間のつながりばかりでなく、現実《リアル》の世界との接触もすべて失ってしまう。自分の心は現実《リアル》の世界から移動させることはできるが、肉体は動かせないので、現実《リアル》の世界はまだかれに追いつき、かれをとらえるだろう。諜報機関が定期的に提出する報告書によってあらゆる事実を知っていた問題解決者たちは、明けても暮れても、かれら一流のテクニック、つまり、リアルであるとわかっているものを排除するために、さまざまな質や内容を、結果を計算しなければならない量や数に翻訳する種々さまざまな技法を駆使してさえいればよかった——奇妙にもその計算が合ったためしはないのだが。このようなことが長年通用しえたのは、まさに

「合衆国政府が追求していた目標がほとんどもっぱら心理学的なもの[69]」、すなわち、心の問題であったからである。

メモ、オプション、シナリオ、構想中の活動の潜在的なリスクと見返り《リターン》――「あまりにも多くのリスクにたいしてあまりにも少ないリターン[70]」――にパーセンテージをつけるやり方などを読んでいると、東南アジアを好きなようにしていたのは、「意思決定者」ではなくて、コンピュータだったのではないかという印象を受けることもある。問題解決者たちは判断はしなかった。かれらがしたのは計算だった。かれらの自信がこれほどまでに多くの判断の誤りのまっただなかで崩れずにあるために自己欺瞞を必要ともしなかったのは、その自信が数学的な、純粋に合理的な真理の明証性に支えられていたからである。ただし、この「真理」は当面の「問題」にはもちろんまったく無関係であった。たとえば、ある行為の結果から「全面戦争になりそうか、なりそうもないか[71]」が計算できるとして、その比率が八〇対二〇だったとしても、わたしたちはその一方を選べるというわけではない。それを実行することの非道さやそのリスクの質が計算できないからである。また、サイゴン政府が改革される見込みにたいして「われわれが一九五四年のフランスと似たような結果に終わる可能性」が七〇対三〇の場合でも、同じことがいえる[72]。この数字はギャンブラーにはけっこうな見込みだが、政治家にとってはそうではないし[73]、ギャンブラーにしても日々の生活のなかで勝ち負けが実際にどのくらい影響があるかを勘定に入れるよう忠告されるほうがましというものである。負ければまったくの破滅ということになるが、勝ったからといっても懐具合が多少ましになるというだけで、根本的によくなるわけではないかもしれないのだ。そのギャンブラーにとって真に迫るもの《リアル》であるものが賭けられていない場合にかぎって——金が少しくらい多かろうが少なかろうがかれの暮らしに変わりはありそうもない——安心してパーセンテージのゲームに頼ることができるのである。南ベトナムにおける戦争遂行で困った点は、リアリティそのものが負わせるこうした制御が意思決定者の頭にも問題解決者の頭にも絶えてなかったことである。

実際、アメリカの政策が、良きにつけ悪しきにつけ、まったくの夢想を制限し制御できるリアルな目標をまったく追求していなかったのは事実である。「ベトナムでは領土も経済的な利得も追求されてこなかった。膨大でコストのかかる投入の目的は、ひとえにある特殊な精神状態を創造することであった。[74]」人命でも物質的資源でもこれほどひどく高価な手段が、なぜこれほど政治的にどうでもよい目的のために使うことが許されたのかといえば、それは、たんにこの国で物量が不幸にもあり余っているからだけでなく、強国といえども力には限界があることすら理解できていなかったからである。たえず繰り返される「地上最強国」という決まり文句の背後には、危険な全能の神話が潜んでいる。

アイゼンハワーが「アメリカ軍の部隊をインドシナに派遣するには議会の承認」を求めなけれ

ばならないことを知っていた最後の大統領であったように、かれの政権は「その地域に形ばかりという程度を越えた米軍を配置するのは、合衆国の限られた能力の懸念すべき分散となるであろう」[75]（傍点アーレント）ことに気づいていた最後の政権であった。その後行われた或る行動の「コスト、リターン、リスク」の計算にもかかわらず、計算者たちは、この計算には、絶対的な、心理学的には存在しない限界があることに依然としてまったく気がついていなかった。かれらが察知していた限界とは、人びとがアメリカの人命の喪失にどこまで耐えられるか、それは、たとえば交通事故での死亡者よりもあまり多くない程度ではないのか、というような人びとの気持ちの限界であった。しかし、この国でさえ破産せずに浪費できる資源には限界があるという考えがどうもかれらにまったく思い浮かばなかったようである。

「権力《パワー》の奢り」（訳註18）——世界征服という目的とは異なり、存在するはずもない無限の富によって達成できる、たんなる全能のイメージの追求——と、リアリティは計算可能であるという点についてのまったく非合理的な自信という心の奢りとの致命的な結びつきが、一九六四年の戦線拡大《エスカレーション》の開始以後、意思決定過程で繰り返し登場するモチーフとなっている。だからといってそれは、自分の立場にとって都合の悪い事実を遠ざける問題解決者の厳密な方法が自滅へと向かうこの容赦ない進行の根源にあるというわけではない。

経験を積み、そこから学ぶ心の能力を犠牲にしても自分の頭の計算力のほうを信頼していたために正気を失った問題解決者の先駆者は、冷戦時代のイデオロギーに凝り固まった人びとである。反共主義――一九二〇年代に一世を風靡し、ローズヴェルト政権時代にもまだ共和党の支柱であった、社会主義および共産主義にたいするアメリカの古い、しばしば偏見に由来する敵意ではなく、戦後の広範囲にわたるイデオロギーのほうである――はもともと、歴史の進路を説明し予告するための新しいイデオロギーを必要とした元共産主義者が捻り出したものであった。このイデオロギーが、第二次世界大戦終了以来、ワシントンであらゆる「理論」の根源にあったのである。あらゆる関連する事実をまったく知らず、戦後の発展を故意に無視することが、どれほど支配者層内部での支配的な教義の目印となっているかは前にも述べた。かれらは事実も情報も必要としていなかった。かれらには「理論」があり、その理論に合わないデータはすべて否定されるか無視されたのである。

この一世代前の方法――マクナマラ氏の方法とは区別されるラスク氏の方法――は、問題解決者のそれにくらべて、あまり複雑ではなく、いわば頭がいいというものでもなかったが、人びとをリアリティの衝撃から遮り、判断を下し学習する心の能力をだめにするという点では同様に効果的であった。この方法を採っていた人びとは過去から学んだといっては自慢していた――すべての共産主義政党にたいするスターリンの支配から「一枚岩の共産主義」という観念を学び、ヒトラーがミュンヘン会談後に世界戦争を始めたことから、和解のポーズはどれも「第二のミュンヘン」であるという結論を引き出した。かれらはリアリティをそれ自体として直視することができなかった。それは、かれらがつねにそうしたリアリティを理解するのを「助ける」何か類似したものを思い浮かべていたからである。ジョンソンが、まだケネディの副大統領であったころ、南ベトナムへの視察から帰国して、ジエムは「アジアのチャーチル」であると嬉々として報告したとき、似た者ゲームもばかばかしさの極致に達したと人びとは思ったものだったが、しかしそれだけでは終わらなかった。左翼の戦争批判者の考えも違うとはいえない。極左の連中には、まったくそのとおりであることもしばしばであるが、自分の気に入らないものは何でも「ファシスト」とか「ナチ」と呼んで非難し、どんな皆殺し事件も大量虐殺《ジェノサイド》と呼ぶ不幸な傾向があった。これは、皆殺しやその他の戦争犯罪を、大量虐殺《ジェノサイド》でないかぎり、大目に見ることもまったくいとわぬ気質を生み出すのに役立つだけであった。

問題解決者たちは、イデオロギーに凝り固まった人びとの過ちからははっきり免れていた。かれらは方法を信じていたが、「世界観」は信じていなかった。ついでにいえば、だからこそかれらに、「百科全書的でありかつ客観的(76)」であるような仕方で「アメリカの関与についての国防総省の文書記録をまとめる(77)」仕事を委すことができたのである。しかし、かれらはドミノ理論のような一般に受け入れられていた政策上の根拠は信じていなかったものの、こうした根拠は、自分の立場にとって都合の悪い事実を遠ざけるというかれらなりの別の方法を用いることで、問題解決者が仕事を続けるのに格好の雰囲気と背景を提供した。やはり何といっても、かれらには冷戦論者を得心させる必要があった。冷戦論者の頭は、後に判明するように、問題解決者の提供しなければならなかった抽象的なゲームに不思議なくらいぴったりだったのである。

冷戦論者が事を委されたときにどのように振る舞ったかについては、「理論家」の一人で、ジョンソン政権の「最有力の知識人」であったウォルト・ロストウがみごとに描いている。「当時国防総省内でマクナマラの信望の厚かったシステム・アナリスト」の進言を退けて、北ベトナム爆撃決定の主要な根拠の一つとなったのがロストウの「理論」だった。ロストウの理論は、最も正確な観察者の一人で最高の情報通の戦争批判者だったバーナード・フォールの見解に依拠したものであったようだが、フォールは「ホー・チ・ミンは、もしかれのつくった新しい工場のどれかが爆撃の標的にされるようなことがあれば、南での戦争については賛成しないかもしれない」(78)（傍点アーレント）ことをほのめかしていた。これは仮説であり、実際一つの可能性であって、そうであると確証されるか否定されなければならないものであった。しかし、この言葉はあいにくロストウのゲリラ戦についての理論とぴったり一致していたために、「事実」に変換されてしまった。すなわち、ホー・チ・ミン大統領は「保護を必要とするコンビナートをもっており、もはや失うものは何もないゲリラ戦士ではない」(79)ことになった。これは、アナリストの眼で振り返ってみると、「途方もない判断の誤り」(80)であったように見える。しかし、肝心なのは、「判断の誤り」が「途方もない」ものになったのは、手遅れにならないうちに訂正したいと誰一人として思わなかったからにほかならないという点である。というのも、北ベトナムが限定戦争での空襲によって被害をこうむるほど工業化されていないことはたちまち判明したからである。その戦争の目的は、年を経るにつれて変わっていったものの、けっして敵を殲滅することではなくて、いかにもかれらのいいそうなことであるが、「敵の意志を挫く」ことにあった。だが、ハノイ政府の意志は、北ベトナム人がロストウのいうゲリラ戦士に必要な性質をもっていたかどうかはともかくとして、「挫かれる」ことを拒否したのである。

　このように、もっともらしい仮説と、それを確証しなければならない事実とを区別できないこと、いいかえれば、このように仮説やたんなる「理論」を確立された事実のように扱ってしまうこと、それは当のこの時代の心理学や社会科学における風土病ともいうべきものとなったが、ゲーム理論家やシステム・アナリストがもつ方法の厳密性をまったく欠いていた。しかし、両者の源泉——すなわち、経験によって知り、リアリティから学ぶことができない、あるいは学ぼうとしない——は同一なのである。

　これによってわれわれは、どうしてかれらはこうした政策をとりはじめたのかということだけでなく、痛切でばかげた結末にいたるまでやり続けることができたのかという疑問への、部分的にせよ答えを含んでいるであろう事柄の根源へと迫ったのである。自分の立場にとって都合が悪い事実を遠ざけることや問題解決が歓迎されたのは、政策や目標そのもののなかにリアリティ無視が元々含まれていたからである。インドシナが「テストケース」すなわち一個のドミノ、「中国封じ込め」の手段もしくはアメリカが超大国中の最強国にほかならないことを証明する手段にすぎなかったのであれば、インドシナが実際にどのような所であるかを知る必要はかれらにはなかったのではないのか。あるいは、南ベトナムの士気を高めるという裏の目的のために、(81) 歴然たる勝利を収めて戦争を終わらせるという確たる意図もないまま北ベトナム爆撃を行った例を挙げてもいい。戦争を継続してきたのは、領土獲得のためでも経済的利得のためでもなく、友好国を助けたり約束を守るためでもさらさらなく、力《パワー》のイメージとは区別された力のリアリティのためですらないとしたら、どうしてかれらは勝利などというリアルなものに関心をもちえたのだろうか。

ゲームがこの局面《ステージ》にまで到達したとき、〈その地域や国そのものはけっして気にしてはならない〉という——ドミノ理論に固有の——最初の前提が〈敵はけっして気にしてはならない〉に変わってしまった。しかも戦争の真最中にそうなったのだ！　その結果、貧しく、虐たげられ、苦しめられた敵は強くなり、「最強国」は年ごとに弱くなっていった。今日の歴史家には、トルーマンが広島に原爆を投下したのは、それを見てロシア人が恐れをなして東ヨーロッパから手をひくようにするためだった（その結果は周知のとおりである）と主張する人がいる。これは事実であるかもしれないのだが、もしこれが本当であるならば、何らかの計算された裏の目的のために或る行為の実際の帰結を無視することの最初の始まりを、先の世界戦争を終わらせた運命的な戦争犯罪にまで遡って求めることができるかもしれない。いずれにしても、トルーマン・ドクトリンは、レスリー・H・ゲルブが指摘しているように、「ドミノでいっぱいの世界を描いていた」のである。

5

この分析の冒頭で、わたしは、国防総省秘密報告書《ペンタゴン・ペーパーズ》からわたしが選び出した、欺瞞、自己欺瞞、イメージづくり、イデオロギー的決めつけ、自分の立場にとって都合の悪い事実を遠ざけるといった面は、この報告書でけっしてそれだけが研究し学びとるに値する面なのではないということを示唆しようとした。たとえば、この膨大かつ体系的な自己吟味の努力は、その主役の一人〔マクナマラ〕によって指示されたこと、文書を編纂し分析を執筆するのに三六人もの人が得られたこと、そのなかのかなり多くの者は「かれらが評価するように求められた政策を発展させ実施するのを手伝っていた」[82]こと、そのなかの一人〔エルズバーグ〕は、政府の誰一人としてこの成果を利用する気もなければ読む気すらないことが明らかになると、公けにしようと新聞社にそれを漏らしたこと、そして、ついには国内で最も声望ある新聞が、「機密」の印を押された資料をあえて最も広い範囲の人びとが注目しうるよう世に問うたという事実である。ニール・シーハンが正しく述べているように、何が間違っていたのか、そして、その理由は何であるのかを探ろうというロバート・マクナマラの決定は、「国防総省での七年間にかれの行った決定のなかで最も重要なものの一つであることが判明するであろう。(83)」たしかに、それは世界のなかでのこの国の評判を、束の間のこととはいえ、回復させた。実際、ここで起きていたことは、他のどんなところでもまず起きようのないことだった。それはあたかも、正義に悖《もと》る戦争に巻き込まれ、それによって評判を落としたこれらの人びとすべてが、父祖たちの「人類の意見にたいして抱く当然の尊敬」(訳註19)に負っているものを突然思い出したかのようであった。

よりつっこんだ詳しい研究のために必要なのは、すでに多くの論評がなされているが、国防総省秘密報告書が日刊紙や週刊誌を読む平均的な読者の役に立つ重要なニュースをほとんど明らかにしなかったということ、『ベトナム政策に関する合衆国の意思決定過程の歴史』のなかに、雑誌、テレビ番組、ラジオで賛否両論含めて何年にもわたって公けに論争されたことのなかった議論は何もないという事実である。(文書に出てくる個人の地位やその変動を除けば、一般に知られていなかったのは基本的な争点に関する諜報機関の相異なる見解だけであった。)政府が隠そうと空しい努力を重ねていた資料を公衆が長年にわたって入手していたということは、報道機関の健全さと権力をニューヨーク・タイムズが暴露したやり方よりももっと強力に証明している。これまでたびたび示唆されてきたことが、いまや確立された感がある。すなわち、報道機関は、自由で腐敗していないかぎり、途方もなく重要な機能を遂行するものであり、第四番目の統治部門と呼ばれてしかるべきものである。もし操作されずに事実についての情報を得る権利がなければ、あらゆる意見の自由は他者の苦しみを喜ぶ悪ふざけに堕してしまう。この最も本質的な政治的自由を守るために、修正第一条[訳註20]で十分であるかどうか、それはまた別の問題である。

　最後に、この国が昔の反植民地感情をすっかり忘れて帝国主義的政策に乗り出し、ケネディ大統領が非難したアメリカの平和《パークス・アメリカーナ》を打ち立てることに成功しつつあるのではないかと信じ込んでいたわたしのような者が学ぶべき教訓がある。ラテン・アメリカでのわが国の政策によって裏付けられるこうした疑念の真価がどうであれ、もし宣戦布告なき小さな戦争――外国での小規模の侵略的な作戦――が帝国主義的目的を達成するために必要な手段の一つであるとするならば、合衆国は他の強国と比べるとそれを首尾よく用いる能力では劣っているであろう。というのは、アメリカ軍の士気の低下はいまではかつてない比率に達しているからである――『シュピーゲル』によれば、昨年中の脱走者は八万九〇八八名、良心的兵役忌避者は一〇万名、薬物常用者は数万名[84]に達する。陸軍の崩壊過程ははるか昔に始まったものであり、朝鮮戦争当時すでにこれと似た広がりが見られた[85]。この国が冒険的で攻撃的な政策を実施して成功に導くためにはアメリカの人びとの「国民性」に決定的な変化が起きる必要があることを理解するには、この戦争の退役軍人二、三人と話をするか、『ニューヨーカー』に掲載されたダニエル・ラングのかなり典型的なケースの展開についての穏当で印象的な報告[86]を読みさえすればよい。同じ結論は、国内でときどき起きている、異常なまでに強力で、きわめて質の高い、よく組織された反対運動からももちろん引き出せるだろう。長年にわたってこの運動の展開を注視していた北ベトナム人は、つねにそれに望みをつないでいたが、かれらの評価は正しかったようである。

たしかに、これらすべてのことは変わるかもしれない。しかし、ここ数カ月ではっきりしてきたことが一つある。それは、政府が及び腰で憲法上の保障の抜け道を見つけようとしたり、威嚇に屈しない決意を固め、自由を少しずつ奪われるくらいなら監獄に行ったほうがましだとする人びとを威嚇しようとしても、それだけでは〔アメリカ〕共和国を破壊するのに十分ではないし、将来も十分ではないであろう、ということである。ラング氏の報告に登場する退役軍人――この国の二五〇〇万人のうちの一人だが――とともに、「この国は戦争の結果としてその良い面を取り戻すかもしれない」という希望を抱くだけの理由がある。かれはいう、「それがあてにできるようなものではないことはわかっているけれども、他に思いつくようなものは何もないね[87]。」

（山田正行訳）

真理と政治*

1

ここでの省察の主題はありふれたものである。これまで誰一人として、真理と政治は互いに折り合いがかなり悪いことを不審に思わなかったし、わたしの知るかぎり誰一人として真理を重んじることを政治の徳の一つと見なしたことはない。嘘は政略家やデマゴーグばかりでなく、政治家の取引にとっても必要かつ正当な道具とつねに見なされてきた。なぜなのか。さらにまたそのことは、一方で政治の領域の本性および尊厳にとって、他方では真理と真理を重んじることの本性と尊厳にとっていかなる意味をもつのか。無力さは真理の本質そのもの、欺瞞は権力の本質そのものなのであろうか。生を享けたものとして死を免れえぬ人間に、つまり非存在から姿を現わし、しばらくするとふたたび非存在へと姿を消すことを知っている存在者に、他のいかなる人間の生活の領域にもまして存在のリアリティを保障する公的領域において、もし真理が無力であるとするなら、いったい真理はどのようなリアリティをもつのか。最後に、無力な真理は、真理をはなから気にとめない権力とまったく同様に軽蔑に値しないだろうか。こうした問いはわたししたちの心を落ち着かなくさせるが、しかしこの問いは、真理と政治の問題に関して昨今世間で通用している確信からいやでも生じてくる。

真理と政治というありふれた文句に重大な真実味を与えるのは、「正義は為されよ、世界が滅ぶとも」(Fiat iustitia, et pereat mundus) というラテン語の旧い格言に要約できよう。おそらくこの格言の作者と考えられる一六世紀の人物（カール五世の後継者であるドイツ皇帝フェルディナント一世）は別として、誰もがこの格言を「世界の存続が賭けられているときに正義が行われるべきであろうか」というアイロニカルな問いにほかならぬものとして用いていた。そして、この

＊　この試論は、わたしの著書『エルサレムのアイヒマン』（一九六三年）出版後のいわゆる論争を機縁として書かれたものである。その目的は、明らかに異なっているものの互いに繋がりのある二つの争点を明らかにすることである。論争以前、わたしはこの二つの争点に気づいていなかったのだが、その重要さは論争のきっかけを超えるものと思われた。二つの争点のうち第一のものは、真理を語ることはつねに正当であろうかという問題に関わる――わたしは無条件に「真理は為されよ、世界が滅ぶとも」(Fiat veritas, et pereat mundus) ということを信じたであろうか。第二のものは、わたしが書いたものに関してばかりでなく、わたしが報告した事実に関しても、その「論争」のなかで粉飾された驚くほど多くの嘘によって生じた。以下の省察は、この二つの争点を把握しようとするものである。この省察は、おそらく省察というものすべてが本来の住み処とするあの過去と未来の間の裂け目のなかにきわめて時事的な問題がひきこまれると、それがどんなことになるか、その一例ともなろう。読者は、この裂け目に関する簡単で予備的な考察をわたしの『過去と未来の間』の序文に見出すであろう。

ように問いを解釈する性向にあえて異議を唱えた唯一の大思想家は、イマヌエル・カントであった。かれは大胆に説いた。「世間に通用していることの格言が意味していることは、わたしたちの言葉でいえば、「正義よ支配せよ、たとえ世界の悪党どもがそのためにすべて滅びるにしても」ということである。」人びとは正義がまったく失われている世界など生きるに値しないと思うであろうから、この「人間の法は、支配権にどれほど大きな犠牲を払わせるにしても、……たとえこのことからどのような物理的結果が生ずるにしても、神聖に保たれなければならない。[1]」しかし、カントの応答は不合理ではなかろうか。生存への配慮こそ明らかに他の何ものにもまして、いかなる徳、いかなる原理にもまして優先しないだろうか。徳や原理が表明されうる唯一の場所である世界そのものが危険にさらされる場合には、徳や原理などたんなる絵空事になるのは明白ではなかろうか。スピノザのいうように「国家自身の領域の安寧こそ至高の法である[2]」ことをすべての国家は承認する義務があると、一七世紀においてほとんど一致して宣言されたのは正当ではなかろうか。純然たる生存を超える原理ならばいずれも先の格言の正義と置き換えることができるのは間違いないから、試みに真理に置き換えてみるならば、「真理は為されよ、世界が滅ぶとも」(Fiat veritas, et pereat mundus) となり、アイロニカルな旧い格言はさらにいっそうもっともらしく響く。さらに、わたしたちが政治的行為を手段－目的のカテゴリーの観点から理解するならば、嘘を語ることは真理を探求する条件を確立したり保護したりするのに立派に役立ちうるという、一見逆説的に思われる結論にいたりさえしよう。このことは、容赦のない論理を用いて議論のもつ不合理さがはっきりするまで徹底的に議論を押し進めるホッブズが、ずっと以前に指摘していた[3]。しかも、しばしば嘘はより暴力的な手段の代わりとして用いられることから、嘘は政治的行為の兵器庫のうちでは比較的無害な武器だと見なされやすい。

先のラテン語の旧い格言をもう一度考え直してみよう。すると、世界の存続のために真理を犠牲にするほうが、他の原理や徳を犠牲にするよりもたわいもないことであろうというのは、いささか驚きである。それというのも、わたしたちは一方では、正義や自由の観念が奪われている世界での生はなおも生きるに値するだろうか、という問いに関しては考えてみるまでもないこととしているのに、正義や自由より見かけ上ははるかに政治的でない真理の理念に関しては、不思議にも同じ態度をとることができないからである。問われているのは生の存続、存在の持続（in suo esse perseverare）である。しかし、死を免れえない人間の短い寿命が尽きた後も残存する定めにある人間世界といえども、ヘロドトスが最初に意識的に企てようとしたこと、つまり「存在するものを語る《レゲイン・タ・エオンタ》」ことを進んで行う人びとがいなければ、およそ存続できないであろう。存在するものおよび存在するがゆえに人間に対して現象するものを、進んで証言する人びと（＝真理を語る者）がいなければ、永続性や存在の持続は考えることさえできないのである。

真理と政治の抗争の物語は長い歴史をもち、しかも込み入っているため、単純化したり道徳的非難を行ったりしても得るものは何もなかろう。いかなる時代においても真理を探求する者や真理を語る者は、自分の仕事に危険が伴うことを自覚していた。世間に干渉しないかぎりは嘲笑を浴びるだけで済んだが、ひとたびかれが同胞の市民を虚偽や幻想から目覚めさせ、自分の語ることを真剣に受けとめるように強いるならば、かれの生命は危険にさらされた。プラトンが、『国家』〔第七巻〕で語る洞窟の比喩の最後のくだりにあるように「このような男は市民に捕えられるならば……殺されるだろう。」プラトンが描く真理を語る者と市民との抗争は、先のラテン語の格言では説明できない。また、都市の存続が問われる場合には、虚偽を語る違犯を暗黙にもしくは公然と正当化する後代の諸理論でも、説明できない。というのは、プラトンの〔洞窟の比喩の〕物語では敵は一言も言及されておらず、大勢の人は洞窟に映る影のたんなる観客として争いに巻き込まれることなく、またそれゆえに誰からも脅かされずに洞窟で同胞と平安に暮らしているからである。この共同体の成員には、真理や真理を語る者を自分の最悪の敵と見なすいかなる理由もない。プラトンにしても、なぜ人びとが欺瞞や虚偽に対して倒錯した愛を抱くのかいっこうに説明していない。プラトンと同じく政治哲学を志す後代の一人すなわちホッブズは、「どんな人の利益にも喜びにも反しないような真理」のみが「すべての人に歓迎される」と主張した。(これは露骨な表現であるが、かれはこれこそ『リヴァイアサン』を締め括るにふさわしい価値をもつと考えたのである。) かりにプラトンをこのホッブズに会わせることができるとしたら、プラトンは利益や快楽がすべての人に歓迎されることには合意しようが、すべての人に歓迎される何らかの真理が存在するという主張には合意しないであろう。しかしながら人びとの利害関心に関わらない真理の存在、「人びとが気遣うことのない」「主題」、たとえば数学の真理や「人間の野心、利益、快楽を妨げない」「線や図形に関する教義」で自らを慰めたのは、プラトンではなくホッブズであった。というのもホッブズはこう書いている。「三角形の三つの角は正方形の二つの角に等しいということが、誰かの領土《ドミニオン》の権利または誰か領土を有する者の利益に反する事柄であったとすれば、この教義は、その真理が論争されないとしても、幾何学のすべての書物を焼くことによって、この教義から不利益をこうむる者の力の及ぶかぎり抑圧されてしまったであろう。わたしはこれを疑わない。(4)」

ホッブズの数学の公理と、プラトンの描く哲学者がイデアの天空への旅からもち帰ってくるとされる人間の行為の真の基準との間には、疑いもなく決定的な違いがある。もっとも、数学の真理は精神の眼をあらゆる真理に対して開かせると信じていたプラトンは、行為の基準と数学の真理との違いに気づいていなかったけれども。わたしたちにとってホッブズが挙げる先の例は、それほど災いを及ぼさないように思われる。というのも、人間の精神は「三角形の三つの角は正方形の二つの角に等しい」というような公理の言明ならいつでも再生産できる、と考える傾向がわたしたちにはあるからである。そしてわたしたちはそこから「幾何学のすべての書物を焼くこと」が決定的な効果をあげることはないと結論する。これが公理の言明でなく科学の個々の言明に関わる場合には、こうむる痛手はかなり大きなものとなろう。かりに歴史が違った方向を歩んでいたとすれば、ガリレオからアインシュタインにいたる近代科学の発展全体は生じなかったであろう。しかもこの種の真理の中で最も傷つきやすい真理は、きわめて微妙な差異をもちつねにユニークな思考の連鎖をなしている――プラトンのイデア論はその傑出した実例である――が、人間はこの種の真理によって、太古の昔から、人間の知性の限界を超えてなおかつ理性的に考えることを試みてきたのである。

近代は、真理は与えられるものでも発見されるものでもなく、人間の精神によって生産されるものであると信じている。この時代はライプニッツ以来、数学の真理、科学の真理、哲学の真理を、事実の真理と区別される理性の真理という共通の種に割りあててきた。ここでわたしは、この事実の真理と理性の真理との区別が本来正当であるかどうかは議論せずに、便宜上この区別を用いることになろう。政治権力は真理にどのような傷を負わせることができるのかを見出そうとしているのであるから、わたしたちはこうした事柄を哲学的な論拠からでなくむしろ政治的な論拠から検討する。したがってわたしたちは真理とは何かという問題は無視でき、この言葉が普通理解されている意味に甘んじることができる。そこでいま事実の真理――たとえばソヴィエト連邦の歴史書にはどこにも存在しないトロツキーという名の人物がロシア革命で果たした役割というようなつつましい真理――について考えると、すぐさまわたしたちは事実の真理のほうがあらゆる種類の理性の真理をひとまとめにしたものよりも、いかに傷つきやすいかに気づく。そのうえ、共に生き共に行為する人びとの変わることなき所産たる事実と出来事は、政治の領域の在り方そのものを構成しているのである。したがって、当然わたしたちが政治の領域において最も関わるのは事実の真理である。（ホッブズの言葉を用いれば）「支配権」（dominion）は理性の真理を攻撃する場合、いわば自らの領土を踏み越えるが、これに対して、事実を捏造し嘘をつく場合には自らの陣地で戦闘している。事実の真理が権力の攻撃から生き残るチャンスは、じつに微々たるものである。事実の真理は一時的ばかりか潜在的には永遠に、世界から抹殺される危険につねにさらされている。事実や出来事は、人間の精神によって生み出される公理、発見、理論――さらにはきわめていいかげんな思弁的理論(訳註1)――よりもはるかに脆《もろ》いのである。事実や出来事は絶えず変化する人間の事柄の領域のなかで生じる。そしてこの人間の事柄の成り行きのうちには、人間の精神の構造という明らかに相対的な永続性以外のいかなる永続性も存在しない。事実や出来事はいったん失われるならば、理性がいかに努力しても永遠にそれらを取り戻せないであろう。プラトンの哲学はもとより、もしユークリッドがその数学を、アインシュタインがその相対性理論を、子孫に伝えることを妨げられていたとしたなら、いつの日かそれらがもう一度生み出されるチャンスはごくわずかであろう。しかし、それでもそれら〔＝人間の精神によって生み出される真理〕は――ある重要な事実が忘れられるか、あるいはよりありそうなことだが嘘によって葬られてしまった場合にある日ふたたび発見されるチャンスと較べるならば――はるかに恵まれた状態にある。

2

政治に最も関連する真理は事実の真理であるが、真理と政治の抗争は最初、理性の真理に関して発見され表現された。理性によって真である言明の反対は、科学においては誤謬または無知であり、哲学においては幻想または意見である。意図的な虚偽、あからさまな嘘がその役割を演じるのは、事実に関する言明の領域においてのみである。それゆえ、真理と政治の敵対関係についてプラトンからホッブズにいたるまでの永い論争において、今日わたしたちが知っているような組織的な嘘〔訳註2〕が真理に対抗する十分な武器でありうることを、明らかに誰一人として信じていなかったのは、重要であるように思われるし、むしろ不可解でもある。プラトンの場合、真理を語る者は生命を危険にさらし、ホッブズの場合、真理を語る者は本を書くならその本を焼くと威嚇されるが、いずれの場合も〔真理を重んじないで〕こりることなく嘘をつくことは争点となっていない。プラトンの考えを占めているのは嘘つきではなく、ソフィストや無知な人びとであった。

誤謬と嘘、つまり「意に反しての虚偽《プセウドス》と意図的な虚偽《プセウドス》」を区別している箇所で、プラトンは特徴的なことにも、嘘つきよりも「豚のような無知にふけっている」人びとに対してはるかに手厳しい。[5] これは自分で一か八かやってみる個人的な嘘つきとは異なる、公的領域を支配する組織的な嘘がまだ知られていなかったからであろうか。それともこれは、「間違った証言をする」こととは異なる、嘘をつくことそれ自体を大罪の目録に載せていた大宗教は、ゾロアスター教を除けば一つとしてなかったという驚くべき事実と関連があるのだろうか。組織的な科学――この科学の進歩は、科学者一人一人が無条件的に真実を語り信頼できるという堅固な基盤に基づいてのみ確保されうるものであった――の勃興と時を同じくして台頭したピューリタン道徳によって初めて、嘘は重大な罪と見なされたのである。

事情がいかなるものであるにせよ、ともかく歴史的に見るならば、真理と政治の抗争は哲学者の生（これは最初パルメニデスによって、次にプラトンによって解釈された）と市民の生という二つのまったく正反対の生の様式から生じた。哲学者は、それ自身絶えざる流動の状態にある人間の事柄について市民が抱く絶えず変わる〈意見〉に対して、本性上永続的でありしたがってそこから人間の事柄を安定させる原理を引き出せる物事についての〈真理〉を対置した。それゆえ、真理の反対は幻想に等しいたんなる意見であった。このように意見が低く評価されたことによって、両者の抗争は政治的に激しくなった。というのも、あらゆる権力に不可欠の前提条件の一つは、真理ではなく意見だからである。「あらゆる政府は意見に基づく」(訳註3)とはジェイムズ・マディソンの言葉であるが、実際、最も横暴な支配者あるいは暴君でさえも、同じ意見をもつ人びとの支持なしには、権力の維持はもとより権力を握ることさえできなかった。さらに、意見による支持を何ら必要とせずに妥当する絶対的真理が人間の事柄の領域で主張されるならば、一切の政治、一切の統治の根底がくつがえる。この真理と意見との敵対関係は、プラトンによって（とくに『ゴルギアス』で）、哲学の真理にふさわしい言論である「問答法」の形式によるコミュニケーション行為と、わたしたちが今日いう意味でのデマゴーグが群衆を説得するときに用いる「レトリック」の形式でのコミュニケーション行為との敵対関係としてさらに詳しく述べられている。

この元々の抗争の痕跡は、近代初期にはなお見出されるが、わたしたちが生きている世界ではほとんど消滅している。たとえば、ホッブズのうちにはまだ二つの「対立する能力」の対置が読みとれる。二つの「対立する能力」とは、「確固とした合理的推論」と「強力な雄弁」であり、前者は「真理の諸原理に基づき、後者は意見……さまざまでしかも変わりやすい人びとの情念や利害関心に基づいている。(6)」一世紀以上経て啓蒙の時代になると、この痕跡は完全にではないにしてもほとんど消滅してしまい、この古代からの敵対関係がなお生き残っている場合も強調点は移動してしまっている。「各人をしてかれが真理と見なすものを語らしめよ、そして真理そのものは神に委ねよ」というレッシングの堂々とした言葉は、近代以前の哲学の観点からすれば、人間は真理の能力をもたず、人間が手にする真理はすべて、悲しいことに、たんなる意見《ドクサイ》にすぎないということをあからさまに意味したことであろう。しかるにレッシングにとってこの言葉は反対に、わたしたちが真理そのものを知らないことを神に感謝しようという意味であった。レッシングに見られたようなこの歓喜の調子――つまり、仲間のなかで生活する人間にとって、人間の会話の尽くしがたい豊かさのほうがいかなる「唯一の真理」よりも無限に重要であり意味深いという洞察――が欠落したまま、一八世紀以来、人間理性の頼りなさの自覚は不満や嘆きを生じさせることなく広がった。この自覚はカントの壮大な『純粋理性批判』に見られ、そこでは理性は自ら自身の限界を承認するにいたっている。これはまたマディソンの言葉にも聞かれることであって、かれは再三強調している。「人間の理性は、人間そのものと同じく、一人にされると臆病で用心深くなり、それによって結ばれる人の数が増えるにつれて堅固さと自信を手中にする」[7]と。思想を語り印刷する自由を獲得するための闘争――最終的には多かれ少なかれ成功したが――においての決定的な役割を演じたのは、個人がもつ自己表現の権利についての観念よりも、この種の考え方であった。

人間理性の無謬性を依然信じており、しばしば誤って思想と言論の自由の旗手と賞賛されるスピノザは、「各人は不壊の自然権によって、かれ自身の思想の主人である」、「各人の知性はかれ自身のものであり、趣味が異なると同様に考えも異なる」と主張し、ここから次の結論を導いた。

「廃棄されえない事柄は許容するのが最善であり」、思想の自由を禁ずる法律から結果するのは「人が思うところと違ったことを語ること」、「信義の腐敗」と「背信の……助長」にほかならない。しかしながら、スピノザはどこにおいても言論の自由を要求しておらず、また、人間の理性は他者とのコミュニケーションを、それゆえ公表を理性自身のために必要とするという議論は、まったく不在である。かれは人間がコミュニケーションを必要とすること、つまり考えていることを隠し沈黙することができないのを、人間に「共通の欠陥」と見なし、哲学者にはこうした欠陥はないとさえ考えていた。[8] 反対にカントは述べている。「人間からかれの思想を公けに伝達する自由を奪う外的権力は、同時にかれから考える自由を奪っている」（傍点アーレント）。さらに、「わたしたちが自分の思想を伝え、またかれらの思想をわたしたちに伝えるべき他の人びとと、いわば共同して考える」ことのうちにこそ、わたしたちの思考の「正しさ」の唯一の保証があると述べている。人間の理性は、誤りやすいがゆえに、理性が「公的に使用」される場合にのみ役目を果たすことができる。このことは、まだ「後見」の状態にあり「誰か他の人の指導なしには」自らの精神を用いることのできない人びとばかりでなく、かれの業績を吟味し監督する「読者界の全公衆」を必要とする「学者」にとっても、同様にあてはまる。[9]

こうした文脈で、マディソンが述べた人数の問題がとりわけ重要になる。理性の真理から意見への移行は、単数の人から複数の人間への移行を意味する。そしてこのことはマディソンがいうように、一つの精神の「堅固な合理的推論」以外何も重視されない領域から、「同じ意見を抱いていると思われる人数」に個人がよせる信頼度によって「意見の強さ」が決まる領域への移行を意味する。ついでながら、ここでいう人数は必ずしも同時代の人びとに限られない。マディソンは市民の生であるこの複数者の生を、そのような人数の考慮を「無視せねばならぬ」哲学者の生からなおも区別していた。しかし、この区別は何ら実際的な帰結をもたない。「哲学者たちからなる国民などは、プラトンが望んだ哲人王の種族と同様、およそ期待しえないもの」[10]だからである。つけ加えておくと「哲学者たちからなる国民」という観念そのものは、プラトンにとって語義矛盾であったろう。かれの政治哲学全体がそのあからさまな暴政的特性を含めて、真理は多数者のうちで獲得されることなどありえず、まして共有されることなどありえないという確信に基づいているからである。

わたしたちが生きている世界では、この哲学者の真理と市場の意見との古代の敵対関係は、その最後の痕跡さえも消滅している。一七世紀の政治思想家がいまだ大きな厄介物として扱っていた啓示宗教の真理も、孤独[訳註4]のうちにある人に開示される哲学者の真理も、いずれももはや世界の出来事に関与しなくなっている。啓示宗教の真理に関しては教会と国家の分離が平和をもたらし、哲学者の真理ははるか以前に支配権の主張をやめている。もっともこの後者の場合に関しては、当今の諸イデオロギーを真に受けて哲学と見なさないとしてではあるが。実際そう見なすには無理がある。イデオロギーの信奉者自身が、公然とイデオロギーは政治の武器であると宣言し、真理や真理を重んじることの問題全体は重要でないと考えているのであるから。伝統という観点から考えるならば、わたしたちがこうした事態から、古くからの抗争は最終的に決着がつき、とくにその抗争の起源となった原因、つまり理性の真理と意見の衝突は消滅した、と結論しても正当なように思われよう。

しかし不思議なことに、これは真相ではない。というのは、今日わたしたちが非常に大規模な形で目撃している事実の真理と政治の衝突が、少なくともいくつかの点では、きわめて類似した特性を示しているからである。おそらく以前であれば、宗教や哲学の事柄に関して多様な意見が寛容に扱われることなどなかったのに対して、今日では事実の真理がたまたま既存の集団の利益や快楽に対立するや、以前にもまして激しい敵意で迎えられる。なるほど国家機密はつねに存在した。いずれの政府も特定の情報を機密扱いにし、それを公衆が気づかないようにしておかねばならず、そして本物の秘密を漏らす人間はつねに反逆者として扱われてきた。しかし、このことをここで問題にしているのではない。わたしが考えている事実とは、公けに知られているにもかかわらず、それを知っている公衆自身が公然と口にすることを巧みに、またしばしば自発的にタブー視し、実際とは別様に、すなわち秘密であるかのように扱いうる事実である。こうした事実を主張することが、たとえば無神論やその他の異端の説を唱えることが以前そうであったように危険となるのは、不思議な現象のように思われる。イデオロギーに立脚する政府によって暴政的に支配されている国々のうちにもこの現象が見られるとすれば、この現象のもつ意義は重大である。（ヒトラーのドイツやスターリンのロシアにおいてさえも、反ユダヤ主義や人種主義、共産主義に関して「異端的な」見解を支持したり口に出すよりも、その存在がけっして秘密ではなかった強制収容所や絶滅収容所について語ることのほうが危険であった。）さらに不穏に思えるのは、歓迎されざる事実の真理が自由諸国で寛容に扱われる場合にも、しばしばそれらの事実は意識的ないし無意識的に、意見へと姿を変えられてしまうことである。まるでドイツがヒトラーを支持したこと、一九四〇年にフランスがドイツ軍の前に陥落したこと、第二次世界大戦中のバチカンの政策などが、歴史的記録の問題ではなく意見の問題であるかのように。こうした事実の真理は直接的に政治的重要性をもつ論点に関わるため、ここでは、二つの生の様式〔哲学者の生と市民の生〕の間におそらくは否応なく生じる緊張関係――この緊張関係は人びとが一つのリアリティを共有し、しかもそれを皆が認めているという枠組みの中でのものであった――以上のものが問題になる。事実が意見に変えられてしまうことのうちで問題となっているのは、人びとが共有しかつ事実とするリアリティそのものであり、はっきりいえば、これこそ政治の最も根本的な問題である。(訳註5) 事実の真理は哲学の真理ほど論議が噴出するものではなく、明らかに万人が理解できるにもかかわらず、市場にさらされるとしばしば哲学の真理と同じ運命――すなわち、嘘や意図的な虚偽によってではなく、意見によって反撃される——をこうむるように思われる。それゆえ、真理 対 意見という古くからの、そして見たところ時代遅れの問題を再考するのもやりがいのあることであろう。

真理を語る者の観点から見ると、事実を意見に変形してしまう傾向、両者を隔てる分割線を曖昧にしてしまう傾向は、洞窟の比喩で鮮明に描写されている真理を語る者がかつて陥った苦境に、優るとも劣らぬ難問題である。洞窟の比喩では、哲学者は恒常なるイデアの天空への孤独な旅から戻ってくると、手にした真理を群衆に伝達しようとする。ところがその結果、真理はかれには幻想にも等しい多様な見解のうちに消え失せ、不確実な意見の水準に引き下げられ、こうして、かれが戻ってきた洞窟のなかでは真理そのものが「わたしにはそう見える《ドケイ・モイ》」——哲学者が永久に捨て去ることを望んでいた意見《ドクサイ》そのもの——という姿を装って現われてしまうのである。しかし、事実の真理を告げる者は真理を語る者よりもいっそう困難な立場にある。かれは人間の事柄の領域を超越した天空への旅から戻ってくるのではないから、この世界では異邦人になったと考えて自らを慰めることもできない。事実の真理を告げられるわたしたちにしても、かれの真理は万一真理であるにしてもこの世界のものではないと思いこんで自らを慰める権利をもたない。純然たる事実に関するかれの言明——つまり、精神の眼ではなく肉体の眼で見られ目撃された真理——が受け容れられないとすれば、従順さを欠き押しつけがましく説得を受けつけぬ真理の堅固さなどと人間は付き合えぬといわんばかりに、いかなる種類の真理をも否定し歪曲するのが政治の領域の本性ではないかという疑念が生じてくる。万一これが事実とすれば、事態はプラトンが考えたよりもはるかに絶望的に見える。というのは、プラトンの真理は孤独のなかで発見され実現されるものであり、明らかに多数者の領域つまり人間の事柄の世界を超越しているからである。（哲学者が、仲間から孤立した状態にあって、自分の真理を人間の事柄に押しつけられるべき基準として用いようとする誘惑——すなわち、哲学の真理に生来備わる超越性は、まったく種類は異なるにしても、ものさしや他の測定の基準が多数の測定される対象とは区別される「超越性」のようなものだ、とする誘惑——に駆られるのは理解できる。また哲学者の基準は現に人間の事柄の領域とは無縁の領域である天空から得られたものであり、したがって両者の結びつきの理由は混同以外にありえない以上、多数者がこの基準に抵抗するであろうことも同様に十分に理解できる。）哲学の真理は市場に入ると、その性質を変え意見となる。なぜなら、真の「別の類への移行《メタバシス・エイス・アロ・ゲノス》」——つまり或る種類の推論から別の種類の推論への移行ではなく、人間の或る存在の仕方〔哲学者の生〕から別の存在の仕方〔共通世界《コイノス・コスモス》の市民〕への移行——が生じているからである。

　事実の真理は哲学の真理とは反対に、つねに他の人びとに関連している。それは多くの人が巻き込まれている出来事や環境に関わり、目撃によって立証され、証言に依存する。それはたとえ私的領域に起こるものであれ、それについて語られるかぎりでのみ存在する。事実の真理は本性上政治的である。事実と意見は区別されねばならぬが、互いに敵対するものではなく同じ領域に属している。事実は意見の在り方を形作るのであり、そして意見はさまざまな利害関心や情念によって活気づけられて大いに異なりうるが、事実の真理を尊重するかぎり正当でありうる。事実に関する情報が保証されず事実そのものが争われるようになるならば、意見の自由など茶番である。いいかえれば、理性の真理が哲学的思弁の在り方を形作るように、事実の真理は政治的思考の在り方を形作る。

しかし、そもそも事実は意見や解釈と無関係に存在するであろうか。歴史家や歴史哲学者は代々、解釈なしに事実を確認することなど不可能であると立証してこなかったであろうか。というのも、事実は最初にたんなる偶然の出来事のカオスから拾い上げられ（事実のデータはけっして選択の原理とはならない）、ついで、ひとつの何らかのパースペクティヴ――パースペクティヴはもともとの出来事からは導出されない――のうちでのみ語られることが可能なひとまとまりの物語へと形作られなければならないからである。歴史科学に固有のこうした問題やさらに多くの難問が実際に存在することは疑いない。しかしだからといって、そのことが事実の事柄が現実に存在することを否定する論拠となるわけではなく、また事実と意見や解釈との境界線を曖昧にすることを正当化したり、歴史家が好みのままに事実を操作する口実として役立ちうるわけではない。たとえ各世代はそれ自身の歴史を書く権利をもつことが認められるとしても、それ自身のパースペクティヴに従って事実を並びかえる権利をもつことが認められるわけではない。わたしたちは事実の事柄それ自身に手を触れる権利を認めないのである。この論点にはこれ以上深入りしない弁解として、この問題を実例で示しておこう。ことの次第は以下のごとくである。二〇年代、死の少し前にクレマンソーは第一次世界大戦勃発の責任は誰にあるかという問題について、ヴァイマール共和国の一代表と親しく会話を交えていた。「あなたの意見では、この厄介でさまざまな議論のある問題について将来の歴史家たちはどう考えるとお思いですか」と、クレマンソーは質問を受けた。そこでかれは答えた。「それについてはわかりません。しかし、かれらが、ベルギーがドイツに侵略したとはいわないだろうということは確実です。」ここでわたしたちが問題にしているのはこの種の紛れもない基礎データであり、歴史主義を最も極端に最も知的に洗練したかたちで信奉する者でさえも、その打ち消し難さを当然のことと認めてきたデータである。

なるほど、一九一四年八月四日の夜、ドイツ軍がベルギー国境に侵入したという事実を記録から抹消するには、歴史家の気まぐれ以上のものが必要とされよう。つまりそのためには、文明世界全体を支配するだけの権力独占が要求されよう。とはいえ、このような権力独占がけっして考えられないわけではないし、そして国家的なものであれ社会的なものであれ、権力の利害がこのような事柄に関して最終的な発言権をもった場合、事実の真理の運命がどうなるかは想像にかたくない。こうしてわたしたちは、あらゆる形式の真理への敵対は政治の領域の本性に根ざしているのではないかという疑い、したがって、なぜ事実の真理に関わり合いをもつことさえも反政治的な態度と受け取られるのかという問題にふたたび立ち戻るのである。

3

わたしは理性の真理と反対に事実の真理は意見と対立しないと述べたが、これは半面の真理にすぎない。すべての真理は、さまざまな種類の理性の真理ばかりでなく事実の真理も、妥当性を主張する仕方において意見と対立する。真理はそれ自身のうちに強制の要素を伴っている。真理を語ることを職業とする者に驚くほど顕著な暴政的傾向は、性格的な欠陥からというよりも、むしろ常日頃から一種の強迫の下で生活しているための緊張から惹き起こされるのであろう。「三角形の三つの角は正方形の二つの角に等しい」とか「地球は太陽のまわりを回転している」とか「不正を行うより不正をこうむるほうがよい」とか「一九一四年八月にドイツはベルギーを侵略した」とかいうような言明は、どのように手にされるかはさまざまであるにせよ、ひとたび真なるものとして了解されそう宣言されるや、合意、論争、意見、同意に左右されないものになるという点で共通している。それらを受け容れる人びとにとって、その言明は同じ言明を抱いている人の数の多寡で変更されることはない。つまり説得や諫止《かんし》は無用である。なぜなら、その言明の内容は説得の性質ではなく、強制の性質をもつのであるから。（こうしてプラトンは『ティマイオス』で、真理を把握する能力のある人と、たまたま正しい意見《おもわく》を抱いている人との間に一線を画している。前者の場合、真理を把握する器官つまり理性《ヌース》は教えられることを通じて目覚めさせられる。もちろんこの教えられるということは、不平等を含意し、また穏やかな形式の強制であるといえる。これに対して後者の人は、たんに説得されたにすぎない。プラトンの言葉によれば前者の見解は揺るぎないのに対して、後者はつねに説得に左右されて考えを変えるのである。[11]）かつてメルシエ・ド・ラ・リヴィエールが数学の真理について述べた次のことは、あらゆる種類の真理にあてはまる。「ユークリッドは真の専制者である。またかれがわたしたちに残した幾何学の真理は、まことに専制的な法である。[訳註6]」ほぼ同じ調子でそれより一〇〇年ほど早く、グロティウスは絶対君主の権力を制限しようと考えて、「神でさえ二かける二が四であることをくつがえすことはできない」と主張した。かれは政治権力に対抗するために真理がもつ強制力に訴えているのであって、神の全能をひそかに制限しようとする気持ちはなかった。この二人の言葉は純粋に政治的なパースペクティヴで、つまり権力の観点から真理がどのように見えるかを例証している。問題となっているのは次のことである。はたして権力は、もっぱら政治の領域から生じまたそれのみに属する要因――つまり、憲法や人権に関する宣言や、またモンテスキューの言葉

「権力が権力を抑止する」(訳註7)に見られる抑制と均衡のシステムにおけるような諸権力の分立――によってばかりでなく、さらに政治の領域の外部から生じるもの――つまり、その源を政治の領域の外にもち、また最悪の暴君の意志のように市民の願望や欲望から自立しているもの――によっても抑制されうるのか、また抑制されるべきであるかどうかということである。

政治の観点から見ると、真理は専制的性格をもつ。それゆえに真理は暴君たちに憎まれるのである。暴君はまさしく自分が独占できない強制力が競合してくるのを恐れる。だが、同意に基づき強制を忌み嫌う統治の眼からすれば、逆に、真理はかなり危険な地位を享受している。事実は合意や同意に左右されるものではなく、事実についてのいかなる話――正確な情報に基づくいかなる意見の交換――も、事実を立証するのに何ら貢献することはない。意見が歓迎できぬ場合には、論議したり、拒絶したり、あるいは妥協することもできようが、事実の場合には歓迎できないからといっても、そもそも事実は人の憤激などものともしない堅固さをもつ以上、あからさまな嘘以外に事実を変更する手だてはない。厄介なことに他のすべての真理と同様、事実の真理は承認されることを専断的に要求し討論を排除するが、政治的生活の本質そのものを構成するのは討論なのである。真理を扱う思考とそのコミュニケーションの様式は、政治のパースペクティヴから見るならば必然的に威圧的である。その様式は他の人びとの意見を考慮しない。しかし、これらの意見を考慮することこそ、厳密に政治的な思考すべてがもつ証しなのである。

政治的思考は代表的である（＝他者を再現前化する）。わたしはさまざまな観点から所与の問題を考察することで、つまり現前しない人の立場をわたしの心に現前させることで意見を形成する。すなわち、わたしはかれらを代表＝再現前化《リプレゼント》する。他者を代表＝再現前化する過程は、どこか別の場所にいて、したがって世界をわたしとは異なるパースペクティヴから眺めている人びとの実際の見解を、闇雲に採用することではない。このことはあたかもわたしが他の人になろうと努めたり、他の人のように感じようとしたりする、感情移入の問題でもなければ、賛否の頭数を数えて多数派に与するという問題でもなく、わたし自身の同一性《アイデンティティ》のもとにありながら、現実にはわたしが存在しない場所に身を置き移して考えるという問題である。わたしが所与の問題に考えをめぐらしているときに、人びとの立場をわたしの心に現前させればさせるほど、そして、わたしがかれらの立場ならばどのように感じ考えるかをふさわしく想像できればできるほど、他者を代表＝再現前化して考える能力（＝わたしの思考の能力）は強まり、わたしの最終的結論や意見の妥当性は増す。（人びとに判断する力を与えるのは、この「拡張された考え方《エンラージド・メンタリティ》」（訳註8）の能力である。それ自体としては、この能力はカントが『判断力批判』の第一部で発見したものである。もっともカントは自分の発見がもつ政治的道徳的な意味合いには気づかなかったのだが。）意見の形成過程そのものは、いかなる人の立場に身を置き移して考え、自分の精神を働かせるかによって規定されているのである。そして、他者の立場に立つために構想力を働かせる唯一の条件は、利害関心の無さ、つまり自分自身の私的利害関心から解放されていることである。それゆえ意見を形成する際に、たとえわたしがすべての交際を断っていたり、あるいは完全に孤立していても、わたしの存在は哲学的思考の孤独のなかでたんにわたし自身のうちに閉ざされるのではない。〔孤独のなかで考えている場合も〕わたしは普遍的な相互依存のこの世界に居続けているのであり、そこにおいてわたし自身を他のいずれの人の代表《リプリゼンタティヴ》ともすることができる。もちろん、わたしはそうすることを拒絶して、わたし自身の利害のみを、あるいはわたしが属する集団の利害のみを考慮する意見を形成することもできる。実際、構想力が欠けていたり判断ができない場合に現われる、自分のこと以外はまるで受けつけない頑固さほどありふれたものはない。これは、きわめて知的に洗練された人びとにおいても、そうである。ともかくも判断力と同様、意見の質そのものは、どの程度その意見が公平不偏であるかによって決まるのである。

意見というものはけっして自明ではない。わたしたちの思考が真に論弁的《ディスカーシヴ》(訳註9)なのは、真理に関わる場合ではなく、意見に関わる場合である。すなわち意見に関わるときわたしたちの思考は、いわば一つの場所から他の場所へ、世界の一方から他方へと駆けめぐり、相争うあらゆる種類の見解を通り抜けることで、ようやく最後にこれらの見解の特殊性を超えて何らかの公平不偏な普遍性へと高まるのである。意見が形成されるこの過程——つまり、或る特殊な問題が開かれた場に引き出され、あらゆる側面からまた可能なかぎりすべてのパースペクティヴから示され、結局、人間の理解力の全き光によって照らし出され透明なものにされる過程——と較べるならば、真理の言明は独特の不透明さをもつ。たしかに人間の知性は理性の真理によって啓蒙されねばならず、意見は事実の真理に基づいて形成されねばならない。しかし、理性の真理と事実の真理はいずれも——曖昧なところはないが——〔意見の形成のように〕透明ではない。光をあてる必要がないことこそが光の本性であるように、理性の真理と事実の真理はその本性上さらなる解明を拒むのである。

加えて、この不透明さが最も明らかとなりわたしたちを最も苛立たせるのは、わたしたちが事実および事実の真理に直面する場合である。なぜなら、事実はなぜそれが現にあるところのものであるのか、決定的な理由を何一つもたないからである。つまり、事実はつねに別様でもありえたものであり、しかもこのわたしたちを悩ます偶然性はまさしく限りがない。近代以前の哲学が、事実性に充ちている人間の事柄の領域を真面目にとりあげるのを拒絶し、あるいは人間の世界の進行を構成する一連の出来事の「慰めなき偶然」（カント〔「世界市民的見地における普遍史の理念」第一命題〕）のうちに何らかの意味のある真理を発見しうると信じるのを拒んだのは、諸事実のもつ偶然性のためである。それのみか近代の歴史哲学のいずれも、純然たる事実性のもつ手に負えない非合理な頑とした在り方と和解しえないでいる。近代の哲学者たちは、人間が真に自由である唯一の領域から、あの明らかに恣意的な「それは別様でもありえた」（これは自由の代償である）の最後の痕跡を拭い去ろうと、あらゆる種類の必然性――世界精神や物質的条件による弁証法的必然性から、不変であると称される周知の人間本性にいたるまでの――を、呪文を唱えて呼び出した。たしかに回顧の立場をとると、つまり歴史のパースペクティヴでは、いずれの出来事の継起も別様ではありえなかったかのように見える。しかし、これは眼の錯覚である。あるいはむしろ実存の錯覚である。所与の状況のうちに元々内在していた他の可能性のすべてが、現実《リアリティ》によって潰《つい》えさせられるということがなければ、本来、いかなる出来事も起こりようがない。

いいかえるならば、事実の真理は意見と同じく少しも自明ではない。また意見をもつ者が、別の意見に対してとまったく同様、事実の真理に対して疑惑をもたせることなど比較的造作もないと考える理由の一端は、ここにある。さらに事実の証拠は、目撃者――かれがどれほど信頼のおけないものであるかは世間周知のことである――、記録、文書、モニュメントなどの証言によって立証されるが、これらはどれも偽造物として疑いうるものばかりである。論争になった場合に頼れるのは別の目撃者のみであり、第三審やそれ以上の審級に訴えることはできない。そして解決は通常、多数決の方法すなわち意見をめぐる論争を解決する場合と同じ方法で決せられる。この方法は、目撃者の多数が偽証することを阻止する手だてが何一つない以上、まったく不十分な手続きである。それどころか、或る状況においては多数派に帰属しようとする感情によって偽証が助長されることさえありうる。いいかえると、事実の真理が意見をもつ者の敵意にさらされているかぎり、それは少なくとも理性的な哲学の真理と同じ弱点をもつのである。

わたしは先に或る点で、事実の真理を語る者のほうがプラトンの哲学者よりも分が悪いと述べた。つまり、かれが語る真理はいかなる超越的な起源ももたず、また、自由、正義、名誉、勇気といった政治の原理がもつ相対的に超越的な特徴——これら自由、正義、名誉、勇気はいずれも人間の行為を内側から鼓舞し、そしてその行為のうちに表明されうる——さえももたない。こうしてみると、事実の真理を語る者が抱える不利な立場は、わたしたちが考えていた以上に深刻な帰結——真理を語る者そのひとに関わるばかりでなく、さらに重大なことに、かれの語る真理が生き残るチャンスに関わる帰結——をもつことがわかる。なるほど、人間の行為を内側から鼓舞したりその行為のうちで表明されることは、真理がもつ有無を言わせぬ明証性の力には及ばないが、しかし、これから見るように、自由、正義、名誉、勇気などは意見に固有の説得の力に比肩しうる。わたしは、「不正を行うより不正をこうむるほうがよい」というソクラテスの命題を人間の行いに関わり、それゆえ政治的意味合いをもつ哲学的言明の一例としてとりあげた。わたしがそうした理由は、一つには、この文が西洋の倫理思想の始まりとなっているためであり、また一つには、わたしの知るかぎりそれは本質的に哲学的な経験から直接に導き出すことのできる唯一の倫理的命題であったからである。（この領域で唯一の競争相手であるカントの定言命法は、命法の定式を純然たる命題としてではなく命令と見なすユダヤ＝キリスト教的要素を払拭しえている。カントの定言命法の根底をなす原理は無矛盾の公理である――盗人は盗品を自分の財産として守ろうとするゆえに自分自身と矛盾している。そしてこの無矛盾の公理の妥当性は、ソクラテスが最初に発見した思考の条件に由来する。)

プラトンの対話篇は、ソクラテスの言明(それは命題〔～である〕であって命令〔～せよ〕ではない)がいかに逆説的に聞こえるか、意見が意見と対立する市場においてはかれの言明がいかに容易に反駁されるか、そしてソクラテスが論敵のみならず自分の友人や弟子たちにも満足のゆくようにそれを証明し論証するのにいかに無力であるかを、幾度となくわたしたちに示している。(それらのうちで最も劇的なくだりは、『国家』の初めの箇所に見ることができる。[12] ソクラテスは論敵のトラシュマコスに、正義は不正よりも善いことを確信させようと幾度も試みるが、結局失敗する。すると、ソクラテスの弟子のグラウコンとアデイマントスが、あなたの証明では確信させることはとうてい無理です、とソクラテスに告げる。ソクラテスは二人の話を聞き終えると、賞賛してこういう。「これほど不正のために弁じることができながら、しかも不正は正義よりまさるということを信じていないとしたら、君たちはまったく神のごとき性質をもっている。」いいかえるならば、グラウコンとアデイマントスは議論が始まる前にすでに正義は不正よりも善いことを確信していたのであり、この命題の真理を支持するために語られたすべては、それを確信していない人を説得できなかったばかりか、それを信じていた人の確信を強める力さえもたなかったのである。）プラトンのさまざまな対話篇には、〔「不正を行うより不正をこうむるほうがよい」というソクラテスの〕命題を支持するために言いうることのすべてがある。一者である人間にとっては、自分自身と不調和であったり自分自身に矛盾しているよりも、世の中全体と不調和のほうがよい、これが主要な議論である。[13] これは哲学者にとって、実際有無をいわせぬ議論である。というのも、哲学者の思考はプラトンが特徴づけたところでは、自分自身との声なき対話であり、したがって哲学者の存在は、絶えず語らいを介しての自分自身との交わり、つまりわたしという一者が自分との対話のなかで二者に分かれながらも、なおも一者であることにかかっているからである。先の議論が哲学者にとって有無をいわせぬものであるのは、思考のうちで対話を行っているこの二者の間に根本的矛盾が存在するなら、哲学することの条件そのものが破壊されてしまうからである。[14] いいかえれば、人間は自分自身のうちにけっして逃れることのできないパートナーをもつ以上、安んじて暮らすには殺人者や嘘つきなどと交わらぬほうがよい。あるいは思考がわたしとわたし自身との間で交わされる声なき対話である以上、わたしはわたしのパートナーの全一性《インテグリティ》を損なわないように気遣わねばならない。というのも、この気遣いを怠るならば確実にわたしは考える能力を完全に失ってしまうからである。

　哲学者にとって、あるいはむしろ考える存在者であるかぎりの人にとって、不正を行うことと不正をこうむることについてのこの倫理的命題は、数学の真理と同様に強制力をもっている。しかし、市民であるかぎりの人にとって、ソクラテスの言明はおよそ真理ではない。この場合の市民とは、自分自身が善くあること——たとえば滅ぶべき肉体の必要よりもその「健康」が優先されなければならない自らの「不死の魂」を気遣うこと——よりも、世間生活や公共の福祉に配慮して行為する人のことである。単独者としての人によって導出された倫理の指令——たとえそれが、ソクラテスやプラトン、キリストの教えであれ——に大まじめに従い始めた共同体がこうむる悲惨な結末については、幾度となく指摘されている。キリスト教の純粋な原理（悪に抵抗することを拒否する人びとは「悪人が好きなだけ悪をなす」のを許していることになる）から政治の領域を守ることをマキアヴェッリが勧めるずっと以前に、アリストテレスは哲学者が政治問題に口出しすることに警告を発している。（知的職業上の理由から「〈善さそのものではなく〉自分自身にとって善いもの」に関わってはならない人たちに、他の人たちにとって善いものを安心して委せられないのは当然であるし、とりわけ「共通善」つまり共同体の実際上の利害を託すことはできない。[15]）

哲学の真理は単独者としての人に関わるものである以上、本性上非政治的である。それにもかかわらず、自らの真理が多数者の意見よりも普及することを哲学者が願うとすれば、かれは敗北するだろう。そしてかれはこの敗北から、「真理は無力である」と結論するであろう。「真理は無力である」などというのは、数学者が円を正方形にすることができないで「円は正方形ではない」事実を嘆くのと同じ意味しかもたない、わかりきったことであるのに。そこで〔自らの真理の普及を願う〕哲学者は、プラトンのように、いささか哲学の心をもつ僭主に言い分を聞いてもらおうという気になるのかもしれない。かれはわたしたちが主にさまざまな政治のユートピアに見る「真理」の僭主政治国《ティラニーズ》を樹立するかもしれない――幸いにもおよそ首尾よく運ぶ見込みはほとんどないが。もちろんこの僭主政治国《ティラニーズ》は政治的にいえば、他の専制《ディスポティズム》の形式と同じく暴政的である。それに較べると、人びとがたまたま哲学者の真理に同意見であることから、哲学者の真理が暴力の助けなしに普及することのほうがより可能性は高いのだが、その場合、哲学者が手にするのは、ピュロス王の勝利(訳註10)のようなものである。というのも、その場合、真理の普及は真理自身がもつ強制的な性質によるものではなく、多数者の合意によるものだからである。かれら多数者は明日にでもなれば気持ちを変え、別のものに合意するかもしれない。そうなれば、哲学の真理であったものがたんなる意見に変じてしまうのである。

　しかしながら、哲学の真理はそれ自身のうちに強制の要素を伴うがゆえに、或る条件のもとでは政治家を魅する――ちょうど意見の力が哲学者を魅するように。たとえば、ジェファソンが独立宣言において、そこで述べられている「真理を自明である」(訳註11)と宣言したのは、アメリカ革命の人びととの間に成立した基本的同意を論争や論議の及ばないものにしておきたかったからである。そのためかれらが、「自ら自身の意志に左右されるのではなく、自らの心に浮かぶ明証性にわれ知らず従う」「人びとの信条」[16]を、数学の公理のように表現するのは当然であった。だが、ジェファソンは「真理を自明である」を「わたしたちはこれらの真理を自明なものと見なす」と述べているところからすると、かれは「万人は平等につくられている」という言明は自明ではなく、合意や同意を必要とすることを、つまり、平等が政治的に重要であるべきなら、平等は意見の問題であって「真理」の問題ではないことを無意識に認めていたのである。その一方で、平等に関しては哲学あるいは宗教の言明が存在する——たとえば、万人は神の前ないし死の前では平等であるとか、人間すべてが理性的動物（animal rationale）という同一の種に属するかぎりで万人は平等である、など。しかしこれらの言明のいずれも、これまでに政治的ないし実践的に重要な帰結を生み出したためしはなかった。それは、神であれ、死であれ、自然であれ、人間を平等化するものが、人間の交わりが生じる領域を超越し、その外部にとどまっていたからである。そのような「真理」は人と人との間に存在するのではなく、人びとの上に存在する。近代や古代——とりわけギリシア——における平等への同意は、けっしてこうした類いのものを背景とするものではない。万人は平等につくられているというのは自明でもなければ、証明されることもありえない。わたしたちがこの意見を保持するのは、平等な者の間でのみ自由が可能となるからなのである。しかもわたしたちは、自由な交わりの喜びや満足のほうが、支配力をもつことから生ずるいかがわしい快楽よりも好まれるはずだと信じている。この採択は政治にとって最も重要なものであり、またこの採択ほど人びとを互いに心底区別するものはない。人の人となりや、もちろんのこと人びとのあらゆる種類の交わりの特徴は、この選択にかかっているとさえいいたくもなる。しかしこの選択は、ジェファソンがおよそ自分の意に反して認めたように、意見の問題であって、真理の問題ではない。選択の妥当性は、自由な合意と同意にかかっている。この選択は、〔先に論じた〕論弁《ディスカーシヴ》的で代表的＝再現前化的な思考によるものであり、またその選択は説得と諫《かん》止《し》を通じて共有される。

「不正を行うより不正をこうむるほうがよい」というソクラテスの命題は、意見ではなく真理であることを要求している。この命題が直接的な政治的帰結をもたらしたかどうかは疑わしいが、それが倫理の指令として実践的な行いに影響を与えたことは否定できない。このソクラテスの倫理の指令以上に実践的な行いに影響を与えたと認められるのは、信者の共同体を絶対的に拘束する宗教上の戒律くらいである。この事実は、一般に受け容れられている哲学的真理の無力さと明らかに矛盾しないだろうか。さらにわたしたちはプラトンの対話篇から、ソクラテスが自分の言明を立証しようとするとき、つねにかれの言明は友人にも論敵にも同様に説得力を欠いたままであったのを知っているだけに、かれの言明がどのようにしてあれほど高い妥当性を獲得しえたのか自問せざるをえない。このことが、通常とはかなり異なる種類の説得によるものであったのは明らかである。つまり、ソクラテスは自分の生命を先の命題の真理に賭けようと決意したのである。すなわちかれは、アテナイの法廷の前に姿を現わしたときではなく、死刑を逃れるのを拒否したとき、実例を示そうと決意したのである。そして実際、この実例による教えこそは、哲学の真理が濫用や歪曲なしに果たしうる唯一の「説得」の形式である。(17) さらに、哲学の真理が実例という形に表わされることができる場合にのみ、哲学の真理は「実践的」となり、政治の領域の規則を犯さずに行為を鼓舞できる。これこそ倫理的原理が妥当性を獲得するばかりでなく、確証される唯一の機会である。それゆえたとえば勇気の観念を確証するために、わたしたちはアキレスの実例を想い起こすことができようし、善の観念を確証するために、ナザレのイエスや聖フランチェスコに思いを馳せる気になるのである。こうした実例は内面から鼓舞することによって教え説得するのであって、その結果、わたしたちが勇気や善の行為をなそうとするときはいつでも、他の誰かを模倣――キリストのまねび (imitatio Christi)、そのほかいかなる事例でもよいのだが――しているかのようである。ジェファソンがいっているように、「子として果たすべき強烈で胸のうちから消えることのない義務感を、息子や娘の心に効果的に刻印しようとするなら、これまで書かれた味気ない倫理や神についての万巻の書よりも、『リア王』を読むにしくはない(18)」ということや、あるいはカントが述べているように、「聖職者や哲学者から得られたものにせよ、あるいは自分自身のうちから得られたものにせよ、普遍的な指令によっては、徳や神聖さの実例によって達成されるほどのことは達成できない(19)」ということは、これまで幾度となく言及されてきた。その理由は、カントが説明しているように、「わたしたちの概念の実在性を立証するためには、つねに直観が要求される」からである。たとえば三角形の概念のように「その概念が純粋知性概念である場合には、その直観は図式と名づけられる。」この図式としては、精神の眼によってのみ把握されるにもかかわらず、現実の三角形をそれと認知する際つねに不可欠な理念上の三角形などが挙げられよう。しかしながら、その概念が行為に関係し実践的である場合には、「その直観は実例と呼ばれる。[20]」そしてわたしたちの精神が構想力によって自発的に生産する図式と異なり、これらの実例は歴史と詩から引き出される。ジェファソンが指摘したように、歴史と詩を通じてまったく別の「構想力の領域がわたしたちの使用に開かれている。」

理論ないしは思弁の言明をこのように実例の真理に変換すること——ひとり道徳哲学のみがなしうる変換——は、哲学者にとってギリギリの経験である。つまり、哲学者は実例を示して群衆を「説得する」という自分に残された唯一の方法で、行為を開始する。どれほど大胆な哲学的言明であっても、哲学者の生命を危険にさらすほど真剣に受けとめられることなどない今日にあっては、哲学の真理を政治的に有効にするこのめったにないチャンスさえも消滅してしまっている。しかし、わたしたちの議論の流れにおいては、理性の真理を語る者にとってそのような可能性がまだ現実に存在することに気づくことは重要である。というのは、この可能性は事実の真理を語る者にとってはどうみても存在せず、他の点と同じくこの点に関してもかれらは分が悪い。事実の言明は、人間がそれに基づいて行為でき、したがって世界のうちに具体化されることのできる原理を、何一つ含まないだけではない。事実の言明の内容そのものがこの種の確証を拒むのである。およそありそうもないことだが、たとえ事実の真理を語る者が或る特定の事実にかれの生命を賭けようと願っても、一種の流産に終わるだろう。その場合、かれの行為が明らかにするのは、かれの勇気か、ことによるとかれの頑なさでこそあれ、けっしてかれが述べねばならなかったことの真理でもなければ、いわんやかれ自身真理を重んじようとしていたことでもなかろう。それというのも、愛国心とか別の何らかの正統な党派心によって動機づけられる政治においてはことのほか、嘘を語る者が自分の嘘に大胆な気概をもって固執してはならない理由など存在しないからである。

4

事実の真理が他の真理から区別される特徴は、事実の真理の反対物は誤謬や幻想、意見ではなく（これらのいずれもその人が真理を重んじていることを傷つけるものではない）、意図的な虚偽ないしは嘘である点に求められる。もちろん事実の真理に関して誤謬ということもありうるし、またそれは一般的ですらある。だがその場合、この種の事実の真理は科学の真理あるいは理性の真理と何ら異ならない。肝心なのは、事実に関しては誤謬とは別の選択肢が存在することである。そしてこの選択肢つまり意図的な虚偽は、正しいか誤っているかは別として、現に存在するものあるいは存在するものがわたしにはどう見えるか、そのことだけを言おうとする陳述と同じ種類ではない。事実の言明——たとえば「一九一四年八月にドイツはベルギーを侵略した」——は、或る解釈の文脈に据えられる場合にのみ政治的意味合いを帯びる。しかしその逆、つまり事実でない陳述——まだ歴史を書き換える術などにはなじみのなかったクレマンソーはこれを不条理だと考えたのだが——は、政治的意義を帯びるのにいかなる文脈も必要としない。そのような陳述は、明らかに記録を変更しようとする試みであり、したがって、そうした陳述は行為の一形式なのである。同じことは、自分の虚偽を押しつけるほど力をもたない嘘を語る者が、自分の言明は絶対の真理であるとはいい張らずに、これはわたしの「意見」であって、わたしには意見を述べる憲法上の権利があるといいつくろうときにもあてはまる。これは破壊集団の常套手段であり、政治的に未成熟な公衆の場合には、この結果生じる混乱はかなりのものとなろう。事実の真理を意見から区別する境界線を曖昧にするのは、嘘を語ることがとりうる多くの形式の一つであるが、こうした嘘の形式はすべて行為の形式である。

嘘を語る者が行為の人であるのに対して、真理を語る者は、かれの語るのが理性の真理であれ事実の真理であれ、断じて行為の人ではない。かりに事実の真理を語る者が政治的役割を演じたり説得力をもとうと欲したりすれば、その人は自分が語る真理が或る集団の最大の利益にかなう理由を説明するために、多くの場合どんなことでもする羽目に陥ろう。そして、ちょうど哲学者の真理が意見をもつ人びとの間で支配的な意見となるときに哲学者の手にするのがピュロス王の勝利であるように、事実の真理を語る者が政治の領域に足を踏み入れ、或る特定の利害や権力の形成に荷担するとき、かれは、それまでかれが語る真理が妥当と思われるのに寄与してきた唯一の特性――すなわち公平不偏、高潔さ《インテグリティ》、独立不羈に裏打ちされた真理を重んじる人であること――に関して妥協を図るのである。真理と利害の幸運な一致を見出した、真理を語ることを職業とする者ほど、当然の疑惑を惹き起こす政治的人物はいないであろう。これに対して、嘘を語る者は政治の舞台に登場するのに、そのような真理と利害との疑わしい調停を必要としない。かれはつねに、いわばすでに政治の舞台の真中にいるという大きな利点をもつ。かれは本性上行為者《アクター》＝俳優である。かれが現実と食い違うことをいうのは、物事が現実にそうであるのとは別様になるのを欲するからである。かれは世界を変えようとしている。かれは、わたしたちの行為つまりリアリティを変える力能と、土砂降りのときでも「太陽が照っている」とわたしたちが言うのを可能にする神秘的な能力との間の打ち消しがたい親和性を利用しているのである。いくつかの哲学がわたしたちのそうした状態を望んできたように、わたしたちが自分たちの行動において完全に条件づけられているなら、このような小さな奇蹟を成し遂げることすらできないだろう。

いいかえれば、必ずしも真理を語るわたしたちの能力ではなく、嘘を語るわたしたちの能力こそ、人間の自由を確認する数少ない、明白で論証可能なデータの一つなのである。わたしたちが生きる環境をともかくも変えられるのは、わたしたちが環境から相対的に自由だからであり、そして虚偽の陳述が悪用し濫用するのは、この自由である。必然性の罠にはまって行為の自由をそれとなく否定するのが、歴史を職業とする者にとっておよそ抗し難い誘惑であるなら、この自由の可能性を過大評価し、事実を嘘によって否定し歪曲するのをそれとなく大目に見るのは、政治を職業とする者にとってほとんど同じくらい抗し難い誘惑である。

行為に関するかぎり、組織的に嘘を語ることはたしかにそれほど影響力をもたない現象である。しかし困ったことに、その反対、つまりたんに事実を語るだけでは、いかなる行為も惹き起こされない。正常な環境では、事実を語ることはまさにあるがままの事物の受容に向かう。（もちろんこのことは、事実の暴露が政治組織によって正統性を主張するために用いられる可能性や、一定の環境のもとで、ある事実に関わる事柄が公衆の注意を惹くことで、エスニック・グループや社会集団の要求にかなり弾みをつけ強化する可能性を否定するものではない。）真理を重んじることはこれまで政治の徳の一つとはけっして見なされなかった。それというのも、政治の最も正統な活動の一つである、世界と環境を変えることに、真理を重んじることは実際にはほとんど役立たなかったからである。共同社会が個々の事柄ばかりでなく、原理に関しても組織的に嘘を語ることに乗り出すや、そのとき初めて、権力や利害関心の歪曲する強制力に頼ることなく真理を重んじることそれ自体が、第一級の政治的要因になる。誰もかれもが一切の重要事について嘘を語る場合、真理を語る者は意識していようといまいと行為し始める。かれもまた、政治の仕事に乗り出すのである。なぜなら、かれが生き残ることはほとんど考えられないにせよ、かれは世界を変えようと一歩踏み出したからである。

しかし、この状況のなかでかれはすぐにふたたび、自分が困難で不利な立場にあるのに気づく。わたしは先に事実の偶然的性格を述べたが、事実はつねに別様でもありえ、それゆえ人間の精神にとって自明の、あるいはもっともらしさの痕跡をそれ自体としては何一つもたない。嘘を語る者は、かれの話に耳を傾ける人びとの利益や快楽に添うように、あるいはかれらのたんなる期待に添うようにさえも自由にかれの「事実」を作り変えるので、おそらくかれのほうが真理を語る者よりもはるかに説得力に富む。実際、普通は、嘘を語る者のほうが自分をもっともらしく思わせることができる。あらゆる出来事に顕著な性格の一つ、つまり予期せぬことという要素が丁寧にも消し去られているため、かれの説明のほうがいわばより論理的に聞こえるのである。ヘーゲル風にいえば、常識《コモンセンス》を逆立ちさせるのは理性の真理だけではない。リアリティは、ことあるごとに利益や快楽の機嫌を損ねることに劣らず、健全な常識の推論の機嫌を損ねるのである。

さていまや、歴史の書き換え、イメージづくり、および実際の統治政策において明白となった、事実や意見の大衆操作という比較的最近の現象に注意を向けねばならない。外交や国政の歴史にきわめて顕著な伝統的な政治の嘘は、真の秘密――けっして公けにされることのなかった資料――に関するものか、あるいは意図――意図は、結果として生じた事実ほどの確実性はいかにしてももちえない――に関するものか、いずれかであるのをつねとした。意図というものは、たんにわたしたち自身の心に去来する事柄すべてと同じく潜在的可能性にすぎず、したがって、嘘として意図されたものも結局は嘘でないと判明することがつねにありうるのである。これと対照的に現代の政治の嘘は、秘密でないどころか実際には誰の眼にも明らかな事柄を効果的に取り扱う。このことは、歴史を目撃している人びとの眼の前で現代史の書き換えを行う場合にはっきりしている。しかし、それはあらゆる種類のイメージづくりにも同様にあてはまる。イメージづくりの場合、いかなる周知の既成事実であろうと、それがイメージを傷つける恐れがあるときにはやはり否定されるか、無視される。イメージは旧来の肖像画とは異なり、リアリティに媚びるのでなく、リアリティの完全な代用品を提供すると考えられているからである。いうまでもなくこの代用品は、現代技術とマス・メディアによって、オリジナルが以前そうであった以上に公衆の眼に触れる。こうしてわたしたちは、フランスは先の大戦において戦勝国であり、したがって大国の一つであるとか、「ナチの野蛮行為はわが国の比較的わずかな部分にしか及ばなかった(21)」とかいうような明白な非事実に基づいて自分たちの基本政策を築き上げることのできた、ド・ゴールやアデナウアーのような驚くほど尊敬を博した政治家をついには目の当たりにする。こうした嘘はすべて、嘘の張本人が気づいているか否かに関わりなく、暴力の要素を潜ませている。組織的な嘘は、否定しようと決断したすべてのものの破壊へとつねに向かう。もっとも、殺人にいたる第一歩として嘘を語ることを意識的に取り入れたのは全体主義の統治のみであるが。トロツキーは自分がロシア革命で何一つ役割を果たさなかったという知らせをうけたとき、自分に対する死刑執行状に署名がなされたと理解したに違いない。公的人物を歴史の記録から抹消することは、かれを同時に生きている者の世界からも抹殺できればいっそう容易なのは、はっきりしている。いいかえれば、伝統的な嘘と現代の嘘との違いは、隠蔽することと破壊することの違いにほぼ等しいであろう。

さらに、伝統的な嘘は、第一に個々の事柄にのみ関わり、また第二に、まさしく全員を欺こうとする意図などけっしてもっていなかった。それは、敵に向けられており、敵のみを欺こうと意図していた。こうした二重の制限は、今日歴史を振り返るわたしたちにはほとんど無害とさえ思えるほど、真理がこうむる傷を限定した。事実はつねに文脈のなかで生ずるゆえ、個々の嘘——すなわち、文脈全体を変えようとはしない虚偽——は、いわば事実性という織地に穴を開けてしまう。歴史家ならば誰もが知っているように、不調和なところや、穴とか、つぎを当てた縫目に気をつけることによって嘘を見抜ける。全体としての織物に手がつけられていないかぎり、嘘は結局おのずから露顕するのである。二番目の制限は、欺瞞の仕事に携わる人びとに関わる。かれらは、たいてい政治家や外交官といった限られた範囲に属する人びとであり、これら政治家や外交官は内輪ではまだ真実を知っていたし、それを保持できた。かれらが自分たちの虚偽の犠牲になることなどおよそなかった。つまり、かれらは自分自身を欺かずに他人を欺くことができたのである。注目すべきことに、こうした旧い時代の欺瞞の術を取り巻く穏やかな環境はいずれも、今日わたしたちが直面する事実の操作には見られない。

では、これらの制限の意義は何であろうか、そして、なぜわたしたちはその制限を穏やかな環境と呼んでさしつかえないのか。自らをも欺くことがイメージづくりの仕事に必要不可欠の道具となったのは、なぜだろうか。また、嘘を語る者がたんに他人を欺く場合よりも、自分自身の嘘によって自ら欺かれる場合のほうが、なぜ当人自身にとってばかりか世界にとってもより具合が悪いのだろうか。嘘を語る者が行う道徳的弁解のなかで、次のこと——すなわち、嘘を語るのは何としても厭なので、ちょうど『テンペスト』のアントーニオのように「おのれの記憶を罪人《つみびと》にし嘘を真《まこと》と思い(訳註12)」込まねばならぬと、他人に嘘を語る前に自らにいい聞かせざるをえないこと——このこと以上に申し分のない弁解があろうか。そして最後に、おそらくは最も不穏なものだが、もし現代の政治の嘘が、事実の織物全体の完全な編み直し——つまり、事実がその元々の文脈のなかに収まっていたのと寸分違わずに、縫目や破れ目、切れ目なしに事実を収めてしまう、いわばもう一つ別のリアリティを制作すること――を要求するほど大きいものなら、これらの新しい物語、イメージ、非事実がリアリティと事実性の十分な代用品になるのを、そもそも何が阻止するのか。

中世の或る逸話は、他人を嘘で欺く際に自分自身がその嘘に欺かれずにいるのがいかに難しいかを例証している。その話というのは、或る町で或る晩、敵が接近したら人びとにそれを知らせるために、或る男が町の物見塔で寝ずの番についていたときに起こったことである。その見張り番は悪ふざけが好きな気質だったので、その晩、町の人を少しばかり驚かそうと鐘を鳴らした。驚くほどの大成功であった。誰もが城壁に駆けつけ殺到し、挙げ句の果てに、見張り番本人自身も最後に駆けつける始末であった。この話は、リアリティに対するわたしたちの理解力がどの程度まで、仲間との世界の共有に依存するものか、さらに、真理であれ嘘であれ、仲間と共有していないものに固執するにはどれほど強い性格が必要かを暗示している。いいかえると、嘘を語る者が成功すればするほど、それだけかれは自分自身の作り話の犠牲になるように思われる。加えて、自分だけは外から悪戯を楽しむ冷血な嘘つきよりも、自分の犠牲者と運命をともにする自己欺瞞的なペテン師のほうが、信頼性の点ではるかに優っているように思われるであろう。自らも欺かれている場合のみ、真実を重んじているような見せかけがつくりだされる。また、事実をめぐる討論において、快楽や恐怖、利益を制してしばしば勝利のチャンスを手中にする説得力ある唯一の要因は、当の人物の見た目である。

当今の道徳上の先入見は、冷血な嘘を語ることにはきわめて手厳しいが、これに対して、しばしばかなり巧妙に作り上げられた自己欺瞞の術のほうは、驚くほど寛大かつ大目に見られている。自己欺瞞の術を大目に見るこうした昨今の価値評価に対抗して引用できる文学上の例は数少ないが、その一つに『カラマーゾフの兄弟』の冒頭に出てくる、修道院での有名な場面がある。根っからの嘘つきである父が長老に訊ねる、「救いを得るには、わたしは一体どうすればよろしいのでしょうか。」すると、長老は答える。「肝心なのは、自分自身に嘘をつかぬことだ。」ドストエフスキーはこれ以上説明を加えていないし、掘り下げてもいないが、「自分自身を欺くくらいなら他人に嘘をつくほうがよい」という言明を支持する論拠がかりにあるとすれば、その論拠は次のことを指摘するはずである。つまり、冷血な嘘つきはまだ真理と虚偽の区別を知っており、したがって、かれが他人の眼から隠している真理は、世界から完全に抹消されずに、真理はかれのうちに最後の隠れ家を見出している、と。この場合、リアリティに加えられた損害は、すべてにわたるものでも取り返しのつかないものでもない。そのうえ、嘘を語った者自身に加えられた損害も、すべてにわたるものでも取り返しのつかないものでもない。嘘をついたが、かれはなおも嘘つきではない。かれとかれが欺いた世界とはともに、長老の言葉を使えば、「救い」の手が届かないわけではないのである。

以前の時代には知られていなかった、完璧さと取り返しがつかない可能性こそ、現代の事実操作から生じる危険である。何が事実であり何が事実でないかを決定し告げる権力を政府が独占していない自由な世界においても、巨大な利害組織が一種の国家理性《レゾン・デタ》めいた精神構造を普遍化する。このような精神構造は、以前においては外交問題の取り扱いや、最悪の度が過ぎた場合でもはっきりとした当面の危機状況に限定されていたのだが。そして、政府レヴェルでの国家的プロパガンダは、実業界の慣行や広告宣伝業《マディソン・アヴェニュー》のやり方から、駆け引きのこつを少なからず学んでいる。外敵に向けられた嘘と異なって、国内に向けてつくられたイメージは、すべての人にとって、とりわけそのイメージを制作した人たち自身にとって一つのリアリティになりうる。イメージの制作者たちは、かれらの「産物」をまだ準備しているうちに、その餌食となる人の数を考えただけで圧倒されてしまうからである。嘘のイメージの創始者たちは、説得されそうな人を「鼓舞」しようとするが、自分たちが望んでいるのは社会ないし国家レヴェルの敵を欺くことであるのを十分承知している。それにもかかわらず結果的には、人びとの集団全体、また国民全体までもが、指導者たちが欺瞞の網目によって敵対者を誘導しようとした方角に向かってしまう。

その後起こることとは、ほとんど自動的に生ずる。欺かれる集団と欺く者自身の双方とも、プロパガンダのイメージに手をつけないでおこうと骨折る。このイメージを脅かすのは、敵や、現実にそのイメージに敵対する利害というよりも、むしろ、何とかそのイメージの呪文を逃れて、イメージに適合しない事実や出来事をなんとしてでも語ろうとする、集団そのものの内部の人である。現代史は、事実の真理を語る者のほうが実際の敵対者よりも危険であり、さらにいっそう敵対的ですらあると受けとられた事例に充ちている。自己欺瞞に反対するこうした論拠は、嘘を語るのは原理的に悪であるとして反対したり、敵を欺く旧来の術に反対したりする「理想主義者」の抗議――たとえその功績がいかなるものであれ――と混同されてはならない。政治的に見れば、問題の核心は、現代の自己欺瞞の術は外部の事柄を内部の争点へと転化する傾向があり、その結果、国家間の対立や集団間の抗争が国内政治の舞台に跳ね返る、という点にある。冷戦期に両陣営で行われていた自己欺瞞はあまりに多すぎて枚挙できないが、明らかにそれらはこのことの適例である。大衆民主主義を批判する保守主義者は、しばしばこの統治形態が国際関係に及ぼす危険を述べるが、その際かれらは、君主制や寡頭制につきものの危険については口をつむぐ。保守主義の論拠の強みは、完全に民主主義的な条件のもとでは自己欺瞞なしの欺瞞などおよそ不可能である、という否定しがたい事実に基づく。

多数の独立国を覆う今日の世界的な規模のコミュニケーション・システムのもとでは、現存の権力のうちで、自らのイメージをそっくり押しつけうるほど強大なものはどこにも存在しない。したがって、イメージの平均余命は比較的短い。イメージは、いざという時になってリアリティがふたたび公然と姿を現わすときに欺瞞を暴かれるばかりか、それ以前でさえも、事実の断片が相争うイメージ間のプロパガンダ戦を絶えずかき乱し、戦いの調子を狂わせるため、その欺瞞を暴かれてしまうように思われる。しかし、リアリティをあえて無視しようとする人に対してリアリティが復讐する仕方はこれに尽きるわけではなく、それにこの仕方が最も重要なのでもない。世界政府ができた場合でも、あるいはそれとは別の現代版ローマの平和《パークス・ローマーナ》のもとでさえも、イメージの平均余命が著しく延びることはありえないだろう。これは、全体主義の統治や一党独裁制のような比較的閉じたシステムの例に最もよく示されている——いうまでもなく、これらのシステムはこれまでのところ、リアリティと真理の衝撃からイデオロギーとイメージを防御するのに最も効果的な機構であるが。(しかも、記録の修正が順調であったためしはない。スモレンスク文書のうちにある一九三五年の或る覚え書からは、この種の企てにつきまとう無数の困難が読みとれる。たとえば、「党大会、党中央委員会総会、コミンテルン、ソヴィエト大会等々におけるジノヴィエフ、カーメネフ、ルイコフ、ブハーリンなどの演説はどう処理すべきか。レーニン、ジノヴィエフ……その他によって共同で、執筆あるいは編集されたマルクス主義に関する選集はどうなのか。カーメネフが編集したレーニンの著作集はどうしたらよいのか。……トロツキーが……『コミュニスト・インターナショナル』の或る号に書いた論文などの場合は、どう扱われるべきなのか。その場合、この雑誌の全号が没収されるべきなのか。」[22] 実際、込み入った問題であるだけに、同文書には何の回答も見あたらない。) 厄介なことに、記録を修正しようとする人は、本当の物語の代用品として自分たちが提供した虚偽に絶えず変更を加えなければならない。情勢が変わるごとに次々と歴史書を替え、百科事典や参考図書の頁を差し替え、或る人物の名前を消して以前は無名であるかほとんど知られていなかった別の人の名前に書き直す必要が生ずる。たしかに、このように記録が絶えず変化するもとでは、そもそも真理は何だったかの示唆は得られない。しかしこのこと自体が、事実の世界に関する公式の発言すべてが嘘の性格をもつことを示唆し、また雄弁に物語る。しばしば言及されることだが、長期にわたる洗脳から確実に帰結するのは、独特の形態のシニシズム、つまり、たとえどれほど申し分なく真理が立証されている事柄であっても、絶対にそれが真理であることを信じまいとする態度である。いいかえれば、事実の真理を徹底的かつ全面的に嘘と置き換えることから帰結するのは、その嘘がいまや真理として受け容れられ、事実の真理が嘘だと謗《そし》られる事態ではなく、むしろ、わたしたちが現実の世界において方位を定める感覚──真理 対 虚偽というカテゴリーはこの方位を定めるという目的のために精神がもつ手段の一つである──が破壊される事態である。

しかもこの病理には治療の施しようがない。この病理は、事実のリアリティすべてがもつ、わたしたちを不安にさせる偶然性の裏面にほかならない。人間の事柄の領域のうちで実際に起きたことはすべて別様でもありえた以上、嘘を語る可能性は際限ない。そしてこの際限のなさは自滅を招くのである。一つの嘘にたじろぐことなく一貫して固執できると考えるのは、一時的に嘘を語る者だけである。絶えず変化する環境にイメージや話を合わせようとする人びとは、自分が潜在的可能性という果てしなく広がる水平線上を漂い、一つの可能性から別の可能性へと押し流され、自分自身の作りごとのどれ一つにもすがりつけないのに気づくだろう。かれらはリアリティや事実性の代わりとして十分なものを獲得するどころか、事実や出来事をふたたび潜在的可能性に変えてしまったのである――この元々の潜在的可能性から抜け出ることで、事実や出来事は初めて現れたというのに。事実や出来事がもつ事実性の最も確実なしるしは、一切の最終的な説明の試みを、自ら自身に内在する偶然性によって拒み、理屈抜きにそこに現に在ることである。反対に、イメージはつねに説明可能で、理にかなったものにつくることができる。それによってイメージは事実の真理に対して一時的に優位に立つが、しかし、イメージは安定性の点で、しかじかであって別様でなく端的に存在するものには到底及ばない。安定性を欠いているというのは、徹底的に嘘を語ることは、比喩的にいえば、わたしたちの足元から大地を取り去ってしまいながら、わたしたちが立つことのできる別の大地を提供しないからである。(モンテーニュの言葉を借りれば、「もしも、嘘が真理のようにたった一つの面しかもたないのであればわたしたちはずっと好都合であろう。なぜなら、わたしたちは嘘つきのいっていることの逆を真実だと思えばいいのだから。けれども、真理の裏面は無数の顔と無限の広さをもっている。(訳註13)」) わたしたちの方向感覚やリアリティの感覚にとってその支えとなる何もかもが揺れ動く経験は、全体主義の支配下にある人びとに最も一般的で最も生々しい経験の一つである。

　したがって、嘘を語ることと、行為すなわち世界を変えること——要するに政治——との認めざるをえない親和性は、人間の行為能力に服する事物の本性そのものによって制限されている。誰もがともかくも抹消したいと願っている事実の事柄に関して嘘をつくことで変えることが期待できる、と自負してイメージを作成する者がいるとすれば、かれは誤謬に陥っている。「ポチョムキン式村落〔訳註14〕」の建設は、低開発諸国の政治屋や宣伝屋にはお馴染みだが、リアルな物事の確立をもたらさず、偽りの蔓延と完成をもたらすにすぎない。行為に服するのは、過去——いうまでもなく事実の真理はすべて過去に関わる——でもなければ、また過去の結果としての現在でもなく、未来なのである。過去と現在が未来の一部のように扱われるならば、つまり、もとの状態である潜在的可能性に変えられるならば、政治の領域は、自らを安定させる主要な力ばかりでなく、変化させるための、また新しいことを始めるための出発点を奪われることになる。過去と現在が〔リアリティを奪われ〕潜在的可能性に変えられてしまうと、まったく不毛な絶え間のないごまかしと言い逃れが始まる。これは、不幸にもプロパガンダの時代に誕生した多くの新興国の特徴である。

　事実は権力の手にかかると確固としたものでなくなることは明白である。だが、ここで肝心なのは、過ぎ去ったがゆえにわたしたちの手の届かない次元となった事実のリアリティがもつ確固たる安定性に代わるものを、権力はその本性上けっして生み出すことができないことである。頑として存在することによって事実はその存在を示し、そして事実の脆《もろ》さは奇妙にも桁外れの弾力性と結びついている。(弾力性は、取り返しのつかなさと同じく人間の行為すべてのしるしである。) 頑として存在する点で、事実は権力に優る。事実は、権力の形成——人びとが一つの目的のために共同するときに生じ、その目的が達成されるかあるいは失われると同時に消滅する権力の形成——ほど一時的ではない。権力は一時的な性格であるため、永続性に類するものを達成する道具としてはきわめて頼りない。それゆえ、権力の手にかかると、真理と事実のみならず、真理や事実以外のものもまた確固としたものでなくなる。実は、政治は事実に面するとき、きわめて狭い小道——人間には阻止できず、したがって手の下しようのない何らかの必然的発展の結果として事実を考える危険と、他方、事実を世界から否定する、つまり事実を巧みに操作しようとする危険との間の小道——を歩まねばならないのである。

5

最後に、わたしがこの省察の冒頭で提起した問題に戻ろう。既成の権力と真正面から対立する場合、無力でありつねに敗北するにもかかわらず、真理はそれ自身の力をもっていて、権力を掌握する者がたとえいかなる工夫をこらそうとも、真理の代替物となりうるものを見つけ出したり創出することはできない。なるほど、説得や暴力は真理を破壊しうるが、真理に取って代わることはできない。しかもこのことは、理性の真理や宗教の真理にあてはまるばかりでなく、より明白に事実の真理にもあてはまる。わたしが本稿でしてきたように、真理のパースペクティヴから政治を眺めることは、政治の領域の外に立つことを意味する。この立場は真理を語る者の立場である。かれ、つまり真理を語る者は、人間の事柄に直接的に介入しようとしたり、説得や暴力の言葉を語ろうとする場合には、その立場を失い、それとともに、かれが語らねばならぬことの妥当性をも失う。いまやわたしたちが眼を向けねばならないのは、真理を語る者が立つこの立場と、この立場が政治の領域に対してもつ意義である。

政治の領域の外の立場、すなわち、わたしたちが属している共同社会や仲間との交わりの外の立場は、独りでいるさまざまな在り方の一つとして明確に特徴づけられる。真理を語るさまざまな存在の仕方に顕著なのは、哲学者の孤独、科学者や芸術家の孤立、歴史家や裁判官の公平不偏、現地調査をした者や目撃者そして報告者の独立不羈である。（この公平不偏は、政治的思考について先に言及したときの、他者を代表＝再現前化する意見の特徴である公平不偏とは異なる。というのも、その公平不偏は、政治の領域のうちで獲得されるのではなく、それらの職業上要求される局外者の立場に固有のものだからである。）これら交わりの外に独りでいる在り方は多様だが、どの在り方であれ独りでいる状態が続くかぎりはいずれも政治的コミットメント、主義主張への固執が不可能な点で共通している。もちろん、この在り方は万人に共通するものであり、人間の存在様式そのものである。哲学者・芸術家・裁判官などの独りでいる在り方のいずれかが生の様式として選ばれたとき――独りでいる在り方をしていても、生は完全に孤独であったり孤立していたり、あるいは誰にも依存していないということはけっしてない――そのときはじめて、独りである生の様式は政治的なものの要求とおそらく衝突することになるのである。

当然ながら、わたしたちはこの衝突が生じて初めて、真理が非政治的、また潜在的には反政治的でさえある本性をもつ――「真理は為されよ、世界が滅ぶとも」(Fiat veritas, et pereat mundus)――ことに気づく。わたしがこれまで強調してきたのはこの側面である。しかし、これで話のすべてが語りつくされたわけではない。既成の権力によって確立され支持されながらも、政治の常態に反して真理と真理を重んじることがつねに言論や営為の最高の判断基準となる公的制度についてはまだ説明していない。このような公的制度の一つとして顕著なのは司法制度である。司法制度は、統治の一部門あるいは正義の直接的な執行として、社会的および政治的権力から入念に保護されている。また、国家が将来市民となる者の教育を託している高等教育のいろいろな制度もその一つである。高等教育機関《アカデミー》が古代の起源を記憶しているかぎり、アカデミーはポリスに対して最も断固と反対し、しかもポリスに最も影響力のあった敵対者〔プラトン〕によって自らが創設されたことを知っておかねばならない。たしかにプラトンの夢は実現しなかった。つまり、高等教育機関《アカデミー》が対抗社会になったためしなどなかったし、また大学が権力を掌握しようと企てるのを耳にしたこともない。ところが、プラトンが夢にも思わなかったことが現実となった。政治の領域自身が、正義を執行するために必要な公平不偏に加え、権力闘争の外に立つ制度が政治の領域には必要であると承認したため、高等教育の場が個人の手に委ねられるか公共の手に委ねられるかはさして重要ではなくなり、その結果、大学の自律性のみならずその存在そのものまでもが、ともかく政府の善意次第となる事態が生じた。大学は、およそ意に沿わぬ真理を生み出すことを余儀なくされ、法廷はおよそ意に沿わぬ判決を繰り返し下さざるをえなくなった。大学や法廷も、それ以外の真理の避難所と同じく、社会および政治の権力から生じるあらゆる危険を免れているわけではない。しかしながら、たんにこのような場所が存在するだけでも、また、独立していて利害関心がないとされる学者たちの連合である機関によって、真理が公的にゆきわたる機会が大幅に改善されたのはいうまでもない。実際、少なくとも法治国家では、たとえ真理と政治の抗争が生じても、次のことが政治の領域によって承認されているのはおよそ否定できない。すなわち、政治の領域はその権力の及ばない人びとや制度の存在にかかっている、と。

高等教育機関《アカデミー》のもつこの紛れもなく政治的な意義は、今日、高等教育機関《アカデミー》の専門学部が重きをなすようになり、その自然科学の部門が発展したために容易に見過ごされている。この部門では、理論研究が国全体の死活に関わるような重大な成果を予期せぬ仕方で数多く生み出している。誰しも大学の社会的、技術的な有用性をおよそ否定することはできないが、この重要性は政治的なものではない。歴史科学と人文科学は、事実の真理や人間の記録を発見し、その番をし解釈をすると考えられているが、政治に対して自然科学の理論研究よりも一層大きな関連性をもつ。事実の真理を語ることは、ジャーナリストが供給する日々の情報以上のものを意味する。たしかに、ジャーナリストがいなければ、わたしたちは絶えず変化している世界のなかで方位を定めることができず、文字通り、わたしたちがどこにいるのかわからないであろうが。むろん、情報の供給は最も直接的な政治的重要性をもつ。しかし、かりに新聞が本当に「第四番目の統治部門」になるとすれば、それは司法制度にもましてさらに注意深く統治権力や社会的圧力から保護されねばならないであろう。というのは、この情報の供給というきわめて重要な政治的機能は、厳密にいえば政治の領域の外から行われるからである。つまり情報の供給は、一切の行為や決定も含まず、また含むべきではないのである。

　リアリティは、事実や出来事のすべてを集めた全体——そんな全体はどうしたところで確認できない——ではなく、それ以上のものである。「存在するものを語る《レゲイン・タ・エオンタ》」人はつねに、「バラバラで多様な事実を纏《まと》めて」物語る。そしてこの物語のうちで個々の事実はその偶然性を失い、人間にとって理解可能な何らかの意味を獲得するのである。イサク・ディーネセン（訳註15）の言葉を借りれば、

「あらゆる悲しみも、それを物語にするか、それについての物語を語ることで、耐えられるものとなる。」これは申し分のない真理である。彼女はわたしたちの時代の偉大な物語作家の一人であるばかりでなく、自分が何をなしているかを知ってもいた。物語るという行為が何であるかに気づいていた点で、彼女はおよそ独自《ユニーク》であった。彼女は、悲しみだけでなく、喜びや至福もまた、それらについて語ることができ、それらを一つの物語として語ることができて初めて、人間にとって耐えられるもの、意味あるものになる、とつけ加えることもできたであろう。事実の真理を語る者が同時に物語作家でもあるかぎり、事実の真理を語る者は「現実《リアリティ》との和解」をもたらす。この「現実との和解」こそは、卓越した歴史哲学者であったヘーゲルが哲学的思考すべての究極目標と見なしたものであり、また実際、たんなる学識に終わらない歴史叙述ならばそのすべてが内に秘めている原動力である。歴史家は小説家と同じように（優れた小説はけっしてたんなる作り事ではないし純粋なファンタジーの絵空事でもない）、まったくの偶発事にすぎない所与の素材を変形しなければならないが、この変形は、詩人が行う気分ないし心の動きの変容――悲嘆を哀歌に、歓喜を賛歌に変容させる――とほぼ同じ性質である。わたしたちはアリストテレスに従って、詩人の政治的機能のなかにカタルシスの作用、つまり人間が行為するのを妨げるすべての情動を洗い流し除き去る作用を見ることができよう。物語作家――歴史家あるいは小説家――の政治的機能は、あるがままの事物の受容を教えることである。真理を重んじることと呼びうるこのあるがままの事物の受容から、判断《ジャッジメント》の能力が立ち上がってくる。つまり、ふたたびイサク・ディーネセンの言葉を借りれば、この判断の能力は「ついには、かのものを目の当たりにするばかりか、回想《レビュー》する特権をわたしたちに与えるのである。すなわちそれこそ審判《ジャッジメント》の日と名づけられているものにほかならない。」

疑いもなく、政治に関連するこうした機能はいずれも、政治の領域の外から遂行される。それらは、ノン・コミットメント、公平不偏、思考と判断における自己利害からの自由を必要とする。利害関心なしに真理を追求することには永い歴史がある。特徴的なことに、そのような追求の始まりが、哲学および政治思想の伝統を含めて、西洋の理論および学問の伝統すべてに先んじている。わたしはこの追求の始まりは、ホメロスがアカイア勢の行為ばかりかトロイア勢の行為をも歌い、自分と同族の英雄アキレスの栄光のみならず、敵であるばかりか戦いに破れもした人間ヘクトルの栄光をも賞賛しようと決めたときにまで遡ることができると考える。このようなことは以前にはどこにも生じなかった。いかに壮麗であろうと、ギリシア以外の文明は、友と敵、勝利と敗北を平等な眼で眺めることはできなかった。この平等な眼は、人間の生の運命にとって当否を決する根本的なものであるのだが、ホメロスからこのかた、人間の判断力の根本基準と見なされてこなかった。ホメロスの不偏性は、ギリシア史全般に鳴り響いている。またそれは、事実の真理の最初の偉大な語り手を生み出し、その人こそ歴史の父となった。かれ、ヘロドトスはその手になる物語『歴史』のまさに最初のくだりで、「ギリシア人ならびに夷狄《バルバロイ》の果たした偉大で驚嘆すべき事蹟の数々が、その当然受けるべき栄光を失う」（傍点アーレント）ことのないように努めたとわたしたちに告げている。これこそすべてのいわゆる客観性の根源である。それはいかなる犠牲を払おうとも知的誠実を失うまいとする、西洋文明の外では知られていない類いまれな情熱である。この情熱がなかったならば、いかなる学問もおよそ生じなかったであろう。

わたしは本稿では政治を真理のパースペクティヴから、したがって政治の領域の外の視点から論じてきたために、政治の領域の内部で生ずることの偉大さと尊厳についてはことのついでにも触れることができなかった。わたしは、まるで政治の領域が相対立する不公平な利害の戦場にすぎず、そこでは快楽や利益、党派性や支配欲以外の何ものも考慮されないかのように話してきた。要するに、公的事柄の一切は利害と権力に支配されていること、また、もしわたしたちが生命の必要物を気遣わずにすむ定めなら政治の領域など存在しないことを、わたしも信じるかのように政治を論じた。政治がこうした歪められた形で扱われたのは、プラトンの哲学の真理が政治的なものと衝突したのは意見や同意というかなり高いレヴェルでのことであったのに対して、事実の真理が政治的なものと衝突するのは右に述べたように人間の事柄のうちで最も低いレヴェルであることによる。真理のパースペクティヴから政治を見るかぎり、わたしたちは政治の生の実際の内容——つまり、同等の人と交わり、共に行為し公的に姿を現わし、言葉と行いによってわたしたち自身を世界のうちに参入させ、そのことによってわたしたちの人格のアイデンティティを獲得維持し、まったく新しいことを始めること、こうしたことから生ずる喜びや満足――を知らないままである。しかしながら、わたしがここで示そうとしたのは、政治の領域全体はその偉大さにもかかわらず制限されていて、人間および世界の存在全体を包括するものではないということである。政治の領域は、人間が意のままに変えることのできない事柄によって制限されている。わたしたちがそこで自由に行為したり変えたりする〈政治の領域〉が損なわれずに――その自律性を保持し、そして約束を果たし続けて――存続できるかどうかは、ひとえに政治それ自身の境界を尊重することに懸かっている。概念的に表現するならば、わたしたちは真理を、わたしたちが変えることのできないものと呼ぶことができよう。比喩的に表現するならば、真理はわたしたちがその上に立つ大地であり、わたしたちの頭上に広がる天空である。

（引田隆也訳）

註

政治における嘘

原　註

（1）このチームの責任者であったレスリー・H・ゲルブ（Leslie H. Gelb）の言葉、「何よりもまず決定的な問題は、いうまでもなく政府の信頼性の問題である。」"Today's Lessons from the Pentagon Papers," in *Life*, September 17, 1971を参照。

（2）Ralph Stavins, Richard J. Barnet, and Marcus G. Raskin, *Washington Plans an Aggressive War*, New York, 1971, pp. 185–187.

（3）Daniel Ellsberg, "The Quagmire Myth and Stalemate Machine," in *Public Policy*, Spring 1971, pp. 262–263. Leslie H. Gelb, "Vietnam : The System Worked," in *Foreign Policy*, Summer 1971, p. 153も参照。

（4）真理と政治の間の関係についてのより一般的な考察としては、わたしの "Truth and Politics" in *Between Past and Future*, Second Edition, New York, 1968〔本書所収「真理と政治」〕を参照。

（5）Stavins, Barnet, Raskin, *op. cit.*, p. 199.

（6）*The Pentagon Papers*, The New York Times, New York, 1971, p. xivによる。わたしのこの試論は、The Government Printing Office版とBeacon Press版が出版される前に書いたもので、それゆえもっぱら

Bantam 版に基づいている。

(7) Leslie H. Gelb, *op. cit*, in *Life*.
(8) *The Pentagon Papers*, p. xiv.
(9) Leslie H. Gelb, in *Life*.
(10) *The Pentagon Papers*, p. xiv.
(11) *Die Philosophische Weltgeschichte. Entwurf von 1830:"Die philosophische Betrachtung hat keine andere Absicht als das Zufällige zu entfernen."*
(12) *The Pentagon Papers*, p. 190.
(13) *Ibidem*, p. 312.
(14) *Ibidem*, p. 392.
(15) *Ibidem*, p. 240.
(16) *Ibidem*, p. 437.
(17) *Ibidem*, pp. 434, 436.
(18) *Ibidem*, p. 432.
(19) *Ibidem*, p. 368.
(20) *Ibidem*, p. 255.
(21) *Ibidem*, p. 278.
(22) *Ibidem*, p. 600.
(23) *Ibidem*, p. 255.
(24) *Ibidem*, p. 600.
(25) *Ibidem*, p. 256.
(26) *The New Yorker*, July 10, 1971.
(27) *The Pentagon Papers*, p. 436.

(28) レスリー・H・ゲルブの言葉、「外交政策審議機関は「窓のない家」となった。」*Life, op., cit.*
(29) *The Pentagon Papersm*, p. 438.
(30) Stavins, Barnet, Raskin, *op. cit.*, p. 209.
(31) *The Pentagon Papers*, p. 438.
(32) Stavins, Barnet, Raskin, *op. cit.*, p. 24.
(33) *The Pentagon Papers*, pp. 5 and 11.
(34) *Ibidem*, p. 268.
(35) *Ibidem*, pp. 334–335.
(36) *Ibidem*, p. 16.
(37) *Ibidem*, p. 15ff.
(38) *Ibidem*, p. 166.
(39) *Ibidem*, p. 25.
(40) Gelb, in *Foreign Policy. op. cit.*; Ellsberg, *op., cit.*
(41) *The Pentagon Papers*, p. 313.
(42) Maurice Laporte, *L'histoire de l'Okhrana*, Paris, 1935, p. 25.
(43) *The Pentagon Papers*, p. 6.
(44) *Ibidem*, pp. 253–254.
(45) The Chicago *Sun-Times*, the New York *Times*,"The Week in Review", June 27, 1971 より引用。
(46) *The Pentagon Papers*, p. 254.
(47) *Ibidem*, p. 98.
(48) *Ibidem*, p. 242.
(49) Ellsberg, *op. cit.*, p. 247.
(50) *The Pentagon Papers*, p. 433.

(51) *Ibidem*, p. 240.
(52) *Ibidem*, p. 407.
(53) *Ibidem*, p. 583.
(54) *Ibidem*, p. 342.
(55) *Ibidem*, p. 414.
(56) *Ibidem*, p. 584.
(57) *Ibidem*, pp. 534–535.
(58) *Ibidem*, p. 153.
(59) *Ibidem*, p. 278.
(60) *Ibidem*, pp. 4, 26.
(61) The New York *Times*, June 29, 1971. スミス氏は、上院外交委員会におけるホワイティング教授の証言を引用しているが、それは *Foreign Relations of the United States: Diplomatic Papers 1945*, Vol. VII: *The Far East, China, Washington, D. C.*, 1969, p. 209 に掲載されている。
(62) Tom Wicker in The New York *Times*, July 8, 1971.
(63) Barnet in Stavins, Barnet, Raskin, *op. cit.*, p. 246.
(64) *The Pentagon Papers*, p. 2.
(65) Ellsberg, *op. cit.*, p. 219.
(66) *Ibidem*, p. 235.
(67) Barnet in Stavins, Barnet, Raskin, *op. cit.*, p. 248.
(68) *Op. cit.*, p. 263.
(69) Barnet in Stavins, Barnet, Raskin, *op. cit.*, p. 209.
(70) *The Pentagon Papers*, p. 576.
(71) *Ibidem*, p. 575.

(72) *Ibidem*, p. 98.

(73) レスリー・H・ゲルブは、「われわれの指導者」のものの見方は「かれら自身のキャリアが一連の賭とその成功の連続であった」ことによって形成されたものであったために、「ベトナムにおける賭もなんとかうまくいくだろうと思ったのであろう」と大真面目に述べている。*Life, op. cit.*

(74) Barnet in Stavins, Barnet, Raskin, *op. cit.*, p. 209.

(75) *The Pentagon Papers*, pp. 5, 13.

(76) *Ibidem*, p. xviii.

(77) *Ibidem*, p. xx.

(78) Barnet in Stavins, Barnet, Raskin, *op. cit.*, p. 212.

(79) *The Pentagon Papers*, p. 241.

(80) *Ibidem*, p. 469.

(81) *Ibidem*, p. 312.

(82) *Ibidem*, p. xviii.

(83) *Ibidem*, p. ix.

(84) *Der Spiegel*, Number 35, 1971.

(85) Eugene Kinkead, “Reporter at Large,” *The New Yorker*, October 26, 1957.

(86) *The New Yorker*, September 4, 1971.

(87) *Ibidem.*

訳　註

(1) ロバート・ストレインジ・マクナマラ（Robert Strange McNamara, 1916–2009）。ケネディ政権およびジョンソン政権で国防長官（一九六一―六八年）を務め、とくにベトナム戦争に取り組む。マクナマラが国防総省秘密報告書を作成させた経緯については、かれの回想録で言及されている。仲晃訳『マクナマラ回顧録――ベトナムの悲劇と教訓』、共同通信社、一九九七年、三七五頁以下を参照。

(2) アーレントが本稿を執筆していた一九七一年夏の時点では不明であり、後日判明した秘密報告書が世に出るにいたる経緯を手短に説明する。報告書の執筆者の一人ダニエル・エルズバーグはこの文書を不法にコピーし、それをニューヨーク・タイムズの記者ニール・シーハンに閲覧させたがコピーは許可しなかった。シーハンはエルズバーグの留守中に無断で七千頁に及ぶ秘密報告書をコピーし、ニューヨーク・タイムズの編集者・記者による特別チームを編成して、捜査当局に察知されることを警戒しつつおよそ二カ月間の突貫作業の末に、一九七一年六月一三日からニューヨーク・タイムズ紙上で連載記事の形で公けにしたのである。

(3) ベトナム戦争が、ジョンソン政権の楽観的な見通しにもかかわらず、しだいに泥沼化の様相を呈し、米兵の死傷者が増大するにつれて、政府にたいする国民の信頼が失われていったことをさす語として一般にいわれた。

(4) 「事実の真理」については本書所収「真理と政治」六〇頁以下を参照していただきたい。

(5) ニューヨーク市マンハッタンにあり、米国の大手広告企業の本社がいくつかあることから、広告産業の代名詞となっていた。

(6) 一九六四年八月二日、米国政府は、北ベトナム東方のトンキン湾の公海上で米駆逐艦マドックスが北ベトナム軍から攻撃を受けたと発表し、翌三日には、北ベトナム海軍がマドックスを含む米第七艦隊の一部に攻撃を加えたと発表した(トンキン湾事件)。ジョンソン大統領は、議会にたいして、大統領が米軍への武力攻撃を撃退するために必要ないっさいの措置をとる権限を承認するよう要請し、議会は大統領の報告を鵜呑みにして、事件の調査を行うことなく、この要請を承認した(トンキン湾決議)。国防総省秘密報告書によれば、トンキン湾事件は、ジョンソン政権首脳の承認のもとに、計画的に北ベトナム領海に侵攻し、北ベトナム側の攻撃を挑発した結果生じたものであった。

(7) デイヴィッド・ディーン・ラスク(David Dean Rusk, 1909-91)。ケネディ政権およびジョンソン政権で国務長官(一九六一―六九年)を務める。

(8) 南ベトナム民族解放戦線の俗称。南ベトナム民族解放戦線は、南ベトナムを掌握していたゴ・ディン・ジエム政権に反対する民族主義者を中心に、広範な階層を結集して、一九六〇年一二月に結成された反米・反ジエムの民族統一戦線。六三年にジエム政権が倒れた後も、北ベトナムおよび社会主義諸国の援助を得て、南ベトナム解放闘争を押し進め、一九七三年のパリ協定によって、サイゴン政権と並んで南ベトナムの一方の政権を担当する勢力としての立場を確立した。

(9) 元来は、ラオス独立戦争におけるネオ・ラオ・イッサラ（自由ラオス戦線）の戦闘部隊をいう。フランスからの独立を要求するラオ・イッサラ（自由ラオス）は、一九四五年に臨時政府を樹立したが、四九年にフランス連合内での協同国として独立が認められると、ラオ・イッサラは分裂する。五〇年に左派はネオ・ラオ・イッサラを結成するが、その戦闘部隊を一般にパテト・ラオと呼ぶ。一九六〇年にプーマ政権が成立して以後、七二年に平和会議がはじまるまで、パテト・ラオは同政権とラオス国内を二分して一進一退の攻防戦を展開した。

(10)「牽制」と「娯楽」の原語は、いずれも divergence,「牽制」にせよ「娯楽」にせよ、その意味は、「（集中していた）気を散らす・そらす」ことに由来する。

(11) 前身は、一八二六年にニコライ一世が設立した秘密警察で、一八八一年に内務省内の政治警察部に改組され、俗にオフラーナと呼ばれた。

(12) 冷戦時代初期のいくつかの重大事件、たとえば、一九四九年四月の北大西洋条約調印、同年九月および一〇月の東西ドイツ分断国家の樹立、同年一〇月の中華人民共和国成立、一九五〇年一月のトルーマン米大統領の水爆製造促進命令、同年二月のマッカーシズム運動の開始、同年六月の朝鮮戦争勃発、さらに一九五三年三月のスターリン死去などが挙げられよう。

(13) 米軍による北ベトナムへの爆撃（「北爆」）は、一九六五年二月から始まった。

(14) ニクソン米大統領は、キッシンジャー大統領補佐官を秘密裏に中国に派遣して周恩来総理との会談を実現し、一九七一年七月、中国訪問の計画を発表した。

(15) 第一次世界大戦のドイツ敗北に関する神話的説明。ドイツは前線での戦闘では敗れていないにもかかわらず国内での労働者のストライキなどによって敗れたのだとする参謀次長ルーデンドルフの説に由来し、背後から突きつけられた匕首——兵士・労働者の蜂起をきっかけとする左翼革命——によって敗戦に追い込まれた、ということからこの名をつけられた。

(16) テト攻勢とは、南ベトナム民族解放戦線が旧正月(テト)である一九六七年一月三一日に開始した攻勢をさす。サイゴンをはじめとする南ベトナムのあらゆる省都・基地が攻撃され、サイゴンのアメリカ大使館も一部が占拠された。

(17) カンボジアのロン゠ノル政権を支援するために、北ベトナムのカンボジア侵略を口実として、米軍と南ベトナム軍は一九七〇年四月にカンボジアに侵攻した。

(18)「権力の奢り」(arrogance of power)は、元来米国の政治家J・W・フルブライト(James William Fulbright, 1905–95)の著書(一九六六年刊)の標題である。

(19)「人類の意見にたいして抱く当然の尊敬」とは、アメリカ合衆国のいわゆる「独立宣言」(一七七六年)の一節である。

(20) 合衆国憲法修正第一条の条文は以下のとおりである。「連邦議会は、国教を定め、または自由な宗教活動を禁止する法律、言論または出版の自由を制限する法律、ならびに人民が平穏に集会をする権利、および苦痛の救済を求めて政府にたいし請願をする権利を侵害する法律を、制定してはならない。」(田中英夫編集代表『BASIC英米法辞典』、有斐閣、一九九三年、二三一頁)

真理と政治

原註

(1)『永遠平和のために』附録I〔中山元訳『永遠平和のために/啓蒙とは何か 他3篇』、光文社古典新訳文庫、二〇〇六年、二三四頁〕。

（2）　わたしがスピノザの『神学・政治論』から引用したのは、哲学する自由（libertas philosophandi）が統治の真の目的であったスピノザでさえ、これほどラディカルな立場をとらざるをえなかったことが、注目に値するからである〔吉田量彦訳『神学・政治論』（下）、光文社古典新訳文庫、二〇一四年、三一〇頁〕。

（3）　ホッブズは『リヴァイアサン』（第四六章）で次のように説明している。「真の哲学であろうとも、法に反して教える人びとにおいては、不服従は合法的に処罰されうる」〔水田洋訳『リヴァイアサン』（四）、岩波文庫、一九八五年、一三四頁〕。実際、「閑暇は哲学の母であり、コモンウェルスは平和と閑暇の母である」〔邦訳（四）、一〇七頁〕とはいえないだろうか。とすれば、平和を損なう真理をコモンウェルスが抑圧するのは、哲学の利益のために行為しているとはいえないだろうか。したがって、真理を語る者は、自分自身の肉体と魂の平和のためにきわめて不可欠な企てに協力するために、自分の知っていることは「虚偽の哲学である」と書く決意をするのである。ホッブズは誰よりもまずアリストテレスこそこうした人物であると考えた。ホッブズによれば、アリストテレスは「ソクラテスの運命に陥ることを恐れて、それ〔物体から分離して形相が存在すること〕をかれらの〔ギリシア人の〕宗教に一致しかつそれを補強するものとして書いた」〔邦訳（四）、一一八頁〕のである。ホッブズが考えつかなかったことは、意図的な虚偽によってのみ真理の探求の条件が保証されるとすれば、一切の真理の探求が自滅することであった。実際、意図的な虚偽によってのみ真理の探求の条件が保証されるとすれば、すべての人がホッブズのいうアリストテレスのような嘘つきであることになろう。ホッブズの論理的想像の産物とは異なって、いうまでもなく、現実のアリストテレスはソクラテスの運命を恐れる身になった折にアテナイを立ち去るくらいの分別をもっていた。かれは自分の知っていることが虚偽であると書くほどよこしまではなかったし、自らの支持するすべてを破壊してまで命乞いをするほど愚かではなかった。

（4）　同書第一一章〔邦訳（一）、一七六頁〕。

（5）　わたしはもはや誰も、プラトンは「高貴なる嘘」の発明者であったとわたしに告げないことを願う。プラトンを「高貴なる嘘」の発明者であったと信ずることは、『国家』の重要な章句（四一四C）の読み違えによるものである。プラトンはその箇所でかれの物語の一つ——ポイニケの話——を ψεῦδος〔プセウドス〕であると語っている〔藤沢令夫訳『国家』（上）、岩波文庫、一九七九年、二五一頁〕。このプセウドスというギリシア語は、この言葉一つで、文脈に応じて「虚構」「誤謬」「嘘」の意味を表わす――たとえばプラトンは誤謬と嘘を区別しようとする際、いずれもギリシア語ではプセウドスを用いるため、「意に反しての」プセウドスと「意図的な」プセウドスという言い方をせざるをえなかった。したがって、原文はコーンフォードのように「作り事への大胆な飛翔」(bold flight of invention) と翻訳することもできるし、あるいは、E・フェーゲリンのように「風刺を意図したもの」(Eric Voegelin, *Order and History: Plato and Aristotle*, Louisiana State University, 1957, vol. 3, p. 106) と読むこともできる。いずれにしても、わたしたちが理解しているような嘘の勧めとして原文を解釈することはまったく不可能である。プラトンが、敵や狂気の者を欺くための便宜的な嘘を認めていたことは確かである〔『国家』三八二、邦訳(上)、一八七頁〕。嘘は「薬として……役立つものであり……医者たちだけに任せるべき」であり、ポリスの医者とは支配者に他ならない〔『国家』三八九、邦訳(上)、二〇三頁〕。しかしながら、洞窟の比喩とは反対に、こうした章句には原理と呼べるものは何一つ含まれていない。

(6)『リヴァイアサン』結論〔邦訳(四)、一五七頁〕。

(7) *The Federalist*, no. 49.〔斎藤眞・武則忠見訳『ザ・フェデラリスト』、福村出版、一九九一年、二四七頁〕。

(8)『神学・政治論』第二〇章〔邦訳(下)、二九九―三二五頁〕。

(9)『啓蒙とは何か』〔中山元訳『永遠平和のために/啓蒙とは何か 他3篇』、光文社古典新訳文庫、二〇〇六年、一四頁〕および『思考の方向を定めるとはどういうことか』〔円谷裕二訳『カント全集』13、岩波書店、二〇〇二年、八四頁〕を参照。

(10) *The Federalist*, no. 49.〔邦訳、二四七頁〕。

(11)『ティマイオス』五一D―五二〔種山恭子訳『プラトン全集』12、岩波書店、一九七五年、八二―八四頁〕。

(12)『国家』三六七〔邦訳(上)、一三八―一四一頁〕参照。さらに『クリトン』四九Dの次の文章と比較せよ。「わたしはよく知っているのだが、こういうのは、ただ少数の人が考えることなのであって、将来においても、それは少数意見にとどまるだろう。だから、ちゃんとこう考えている人と、そうでない人とでは、いっしょに共通の考えをまとめて行くということはできないのだ。お互いに、相手の考える案を見て、軽蔑し合うにきまっているのだ。」〔田中美知太郎・藤澤令夫訳『プラトン ソクラテスの弁明ほか』、中公クラシックス、二〇〇二年、一一七頁〕。

(13) 『ゴルギアス』四八二〔邦訳『プラトン　ソクラテスの弁明ほか』、二九六頁〕参照。この箇所でソクラテスは論敵のカリクレスに次のように述べている。「カリクレスよ、君はほかならぬ君と意見が一致しないことになるだろう。いな、君は一生涯、自分自身と矛盾することになるだろう。」さらにこう付け加える。「一者である（強調はアーレント）わたしが、わたし自身と不調和であり、自分に矛盾したことを言うくらいなら、世の大多数がわたしに同意しないで反対しているほうがまだましなのだ。」

(14) 思考を自分自身との音声を伴わぬ対話と定義することに関しては、とくに『テアイテトス』一八〇―九〇〔田中美知太郎訳『プラトン全集』2、一九七四年、三三〇頁〕、『ソピステス』二六三―六四〔藤沢令夫訳『プラトン全集』3、一九七六年、一五三頁〕を参照。アリストテレスが、対話形式で語りかける友を αὐτὸς ἄλλος〔アウトス・アロス〕つまりもう一人の自己と呼んでいるのは、この伝統にまったく一致している〔神崎繁訳『ニコマコス倫理学』、『アリストテレス全集』15、岩波書店、二〇一四年、三六九頁〕。

(15) 『ニコマコス倫理学』第六巻、とくに一一四〇b九、一一四一b四〔邦訳、二三八、二四二頁〕を参照。

(16) ジェファソンの "Draft Preamble to the Virginia Bill Establishing Religious Freedom" を参照。

(17) このことこそニーチェが「教育者としてのショーペンハウアー」で次のように述べる理由である。「私は哲学者というものの偉《えら》さを、彼が実例を示すことのできる程度に応じて認める」〔小倉志祥訳「教育者としてのショーペンハウアー」、『反時代的考察　ニーチェ全集4』ちくま学芸文庫、一九九三年、二五二頁〕。

(18) 一七八七年一一月一三日付 W. Smith 宛の手紙。

(19) 『判断力批判』第三二節〔中山元訳『判断力批判』(上)、光文社古典新訳文庫、二〇二三年、三三三頁〕。

(20) 同書第五九節〔邦訳、五二二頁〕。

(21) フランスに関しては見事な論文 "De Gaulle: Pose and Policy," in *Foreign Affairs*, July 1965 を参照。アデナウアーの引用はかれの *Memoirs 1945–1953*, Chicago, 1966, p. 89 からである。しかしながら、かれは同箇所で、この考えを占領軍当局にも植えつけている。もっとも、かれは首相時代にも同じ趣旨のことを幾度となく繰り返し述べている。

(22) この文書の一部は Merle Fainsod, *Smolensk Under Soviet Rule*, Cambridge, Mass., 1958 で公刊されている。同書三七四頁を参照。

訳　註

（1）西洋の中世哲学（およびドイツ観念論）において、人間の眼には、①感覚が捉えるものを見る「肉の眼」(oculus carnis)、②感覚が捉えるものを超えて普遍的なものを認識する「心の眼」(oculus animae)、③認識の能力である知性の限界を超えて絶対者を観照する「精神の眼」(oculus mentis) の三つの眼があるとされた。認識の能力である知性の限界を乗り越える「精神」(spirit) の能力が、speculation（あるいは contemplation）であり、この speculation の能力に、ここでは「思弁」という哲学用語を当てた。

（2）「組織的な嘘」——「虚構の世界を築くには嘘に頼るしかないことは明らかであるが、その世界を確実に維持するには嘘はすぐばれるという周知の格言が本当にならないようにし得るほどの緻密な、矛盾のない嘘の網が必要である。全体主義組織では、嘘は構造的に組織自体の中に、それも段階的に組み込まれることによって一貫性を与えられている」（大久保和郎・大島かおり訳『全体主義の起原3　全体主義［新版］』、みすず書房、二〇一七年、一三七―一三八頁参照）。

（3）*The Federalist*, No. 49.（邦訳『ザ・フェデラリスト』、二四七頁）。

（4）solitude（ドイツ語では Einsamkeit）を「孤独」と訳したが、アーレントがこの語で示したいのは主観の寂しいという心の状態ではない。わたしたちの日常生活は、空間と時間にア・プリオリに制約されている現象界（カント）において営まれるが、その現象界の存在をいわば現象学的にエポケーしている状態が「孤独」である。この意味の「孤独」はアーレントにとって「考えること」（思考）の不可欠の条件である。

（5）リアリティの共有が「政治の最も根本的な問題である」とするアーレントの論点を理解するためには、アーレントが「政治」（原義「ポリス」の意味が響いている）を次のように考えていることを思い起こしておくと便利である。すなわち、「政治」とは人びとが判断の能力を介しながら、共通のリアリティそのものをそこにおいて共有することができるようになる公的空間（思考によって開かれる言論と自由の空間）を構成する行為である、と。アーレントの「政治」の考え方の意義は、わたしたちがそれとは異なる「政治」理解、つまり構成されたリアリティを前提とする、「政治」の技術的解釈を背景におけば明瞭になる。「政治」の技術的解釈とは次のような考え方である。「われわれにとって政治とは、国家相互の間であれ、あるいは国家の枠の中で、つまり国家に含まれた人間集団相互の間でおこなわれる場合であれ、要するに権力の分け前にあずかり、権力の配分関係に影響を及ぼそうとする努力である、といってよいであろう。」（マックス・ヴェーバー『職業としての政治』、脇圭平訳、岩波文庫、一九八〇年、一〇頁）。ここでは「政治」の行為は、「目的‐手段」のカテゴリーで理解されてしまう。政治的「行為《プラークシス》」を「制作《ポイエーシス》」の一形式と解して人間の複数性を捨象してしまう「政治」の技術的解釈、そしてその根柢にある「思考」の技術的解釈——世界への関わり方を存在者のみに限定してすべてを「素材」として構成し直し、思考を行為の手段にする——、総じて現代における「技術《テクネー》」の問題性の淵源が、存在者が存在することを自明視する「存在忘却」(Seinsvergessenheit) にあることについては、「訳者あとがき」の４で触れられている。

(6) *L'Ordre Naturel el Essentiel des Sociétés Politiques* (1767), I. ch. XXIV.

(7)「権力を濫用しえないようにするためには、事物の配置によって、権力が権力を抑止するようにしなければならない。」（野田良之ほか訳『法の精神』（上）、岩波文庫、一九八九年、二八九頁）。

(8) 邦訳『判断力批判』（上）、三六三頁参照。

(9)「論弁的」(discursive) の反対語は、事柄を一瞬に纏めて捉える「直観的」(intuitive)。「論弁的」とは、判断や推理を積み重ねて事柄を捉えることを言い表す哲学の概念。哲学の概念としての「論弁的」は一人の思考のなかで行われる嫌いがあるのに対して、アーレントは、一人の思考のなかで「真理」に関わるのではなく、他者を代表＝再現前化して「意見」を形成することこそが「真に論弁的」であるとしている。ここで詳しく触れることはできないが、アーレントによる discursive のこのような理解の仕方の背景には、ハイデガーのロゴス (λόγος) 解釈があることを忘れてはならない。それは本稿における「考える」ということをめぐるアーレントの考察にも言えることである。

(10) ピュロス王は戦いでローマ軍に勝利したが両軍の死傷者数は同数であったという故事。
(11) アーレントがすぐに論じるが *“We hold these truths to be self-evident”* の一部。
(12) 松岡和子訳『テンペスト　シェイクスピア全集8』、ちくま文庫、二〇〇〇年、二一一頁参照。
(13) モンテーニュ『エセー』第一巻第九章参照。
(14) 寵臣ポチョムキンはクリミアへの旅の途上にあるエカテリーナ二世を喜ばすために、行く先々で架空の村落をでっちあげた。
(15) イサク・ディーネセンについてはアーレントが別書で論じているので、そちらを参照していただきたい（阿部斉訳『暗い時代の人々』、ちくま学芸文庫、二〇〇五年、一五一―一七五頁）。

訳者あとがき

1

みすず書房の守田省吾さんから、現在別著に収録されている「政治における嘘」と「真理と政治」の二篇を一書にして新たに刊行したい旨の連絡が入ったとき、「ポスト・トゥルース」が話題になる時節柄、政治における嘘、真理と政治という問題を新しいパースペクティヴで「考える」ために一石を投じようとされている、そんな風に感じた。

そこで、本書を読んでいただくためにも、はじめに「ポスト・トゥルース」について、言い換えれば現在における真理と政治の関係について簡単に触れておきたい。

アダム・スミス『国富論』にこんな言葉がある。

「生産者の利益は、消費者の利益にともなうべきであり、それも消費者の利益をたかめるのに必要である場合にかぎられる。この原則は、あまりに自明すぎて、それを証明する試みがばかげているほどである。」

こうした消費者優位の考え方は、「家のよしあしを判定するのは、建てた大工〔生産者〕ではなく、住む居住者〔消費者〕である」とするアリストテレス以来のものである。そこには、自然が与えた人間の欲望という「事実」がまず存在し、生産はこの欲望の「事実」に一致するもの、つまり消費者が必要とするものをつくるということを疑わない伝統が生きていた。アリストテレスを批判するスミスもこの伝統のうちにあった。

ご存じのように、ゆたかな社会、高度消費社会の到来と共にこの伝統は終焉した。ゆたかな社会においては、消費者は自然の欲望という事実に一致する「モノ」を消費するのではない。「モノ」が帯びている意味や価値を消費するのである。消費者が欲望・必要としているモノが事実としてまず存在し、生産者はそれに応じる形でモノを生産するという経済学の伝統が終焉したのだ。

生産者はモノをつくるだけでなく、モノを消費する意味も生産する。イメージの形をまとった意味の生産によって、生産者は消費者の欲望を操作し、欲望を生み出すことができる。そこでは、わたしの欲望が、わたしの欲望であるリアリティが消滅したのである。

こうした「逆立ち」現象を経済という場面を離れて、政治の場面に投射してみるとどうなるだろうか。

まず、わたしとわたしの仲間とが共にそこにおいて語り行為する共通のリアリティが存在し、そのリアリティのうちに或る「事実」が存在する。そして、わたしはこの「事実」に関して、仲間と意見を交換しながら、わたしの意見を形成し、その意見を公けの場で自由に表明する政治的行為をなす――こうした事実と意見の伝統的関係が終焉したのだ。事実のリアリティがもつ確固たる安定性が失われることで、わたしたちの足元から大地が取りさらわれ、「真理と政治」の言葉を借りれば「わたしたちが現実の世界において方位を定める感覚が破壊される。」こうした経緯については「真理と政治」が描いている。つまりはわたしの欲望が、わたしの欲望であるリアリティが消滅したように、わたしの意見が、わたしの意見であるリアリティも消滅した――そういう時代にわたしたちは足を踏み入れている。

これが「ポスト・トゥルース」である。伝統の終焉と共にはじまった、こうした「逆立ち」現象に対して、本書がどこまで応えているか、その判断は読者のものだ（なお、この「訳者あとがき」は1と4は引田が、2と3は山田が執筆したものである旨お断りしておく）。

2

本書に収録されたふたつの論考の成立事情を簡単に振り返っておきたい。

「真理と政治」が書かれる外的なきっかけとなったのは、『エルサレムのアイヒマン』をめぐる一連の騒動である。一九六三年早春にまず雑誌連載というかたちで、ついで単行本として公刊された『エルサレムのアイヒマン』は、賞賛以上に膨大な批判や中傷を著者アーレントにもたらし、この本をめぐる激しい論争は数年にわたって続いた。この六三年の秋以後、アーレントは「真理と政治」という見出し語のもと、わが身にふりかかった事態についての省察に着手する。それを示しているのは、ひとつは「真理と政治」と題して——一九六一年一月以来中断されていた——『思索日記』に書きつけられた四三の断章である（執筆時期は六三年から六四年という以上には突きとめられない）。もうひとつはドイツでのラジオ講演用に書かれた「真理と政治」（in: Johann Schlemmer (Hrsg.), *Die politische Verantwortung der Nichtpolitiker*, Piper, 1964）と題する比較的短い論考である。これらは後年の「真理と政治」や「政治における嘘」で活用される素材をすでに含んでいるものの、いまだ省察の端緒という域を出るものではない。一九六五年に入るとアーレントは「真理と政治」に本格的に取り組み、アメリカ各地の大学で草稿をもとに講義をおこない学生との討議をくり返す。何度かの「完成」を経て、六六年五月、その年の九月にニューヨークで開催されるアメリカ政治学会大会での講演の原稿として最終的に完成・送付している。一般向けには、まず一九六七年十一月に雑誌『ニューヨーカー』で発表され、翌六八年に『過去と未来の間』の改訂版の刊行に際して新たに収録された。なお、「真理と政治」冒頭でこの論文について著者自身が説明している註は、この『過去と未来の間』ではじめて付けられたものである。

「政治における嘘」は、ニューヨーク・タイムズのスクープによるセンセーションがまだつづいているさなかの一九七一年七月に、メイン州カスティーンにあるアーレントの親友メアリー・マッカーシー夫妻の別荘で書かれた。同年十一月に『ニューヨーク・レビュー・オブ・ブックス』に掲載されて評判を呼び、翌年にかけて全米各地の大学や公けの場で講演やセッションを重ね、最終的に七二年に『暴力について——共和国の危機』に収録された。

「政治における嘘」と「真理と政治」をもって一書とした先例には、『政治における真理と嘘——二つの試論』と題して著者存命中にすでに出版されていたドイツ語版（Hannah Arendt, *Wahrheit und Lüge in der Politik: Zwei Essays*, Piper, 1972）、および二〇二二年に『嘘をつくことと政治について』の標題で刊行された英語版（Hannah Arendt, *On Lying and Politics*, Library of America, 2022）がある。

3

二十数年ぶりに「政治における嘘」にじっくり目を通す機会を得た。訳文に手を入れる作業を進めていくと、こんなに明快な論考だったのか、と目を見張るような思いが募った。「アーレント、おもしろうそうなのですけれど、読んでみるとなかなかむずかしくて」という声を耳にすることも多い。それなら「政治における嘘」から読んでみたら、と自信をもっておすすめできそうなほど論旨の明快さは際立っている。

冷戦時代の最も熱い戦争でありアメリカ社会を深く傷つけたベトナム戦争は、そもそも何のために戦われているのか、アメリカではだれもがよくわからないまま次第に泥沼にはまり込んで自滅へと向かっていくような奇妙な戦争でもあった。当事者であるアメリカ政府の意思決定の内幕を暴露した国防総省秘密報告書《ペンタゴン・ペーパーズ》を手がかりにして、アーレントはこの「嘘」の巣窟の構造と機能を明らかにしてみせる。政治とは有史以来ともにあった嘘の、近年つけ加わった新種の担い手として、第一に、広告産業を手本として人びとの心にはたらきかけることを専らとする政府の広報担当者、第二に、合理的な「方法」と――「電子計算機」という訳語がむしろ似つかわしい――コンピュータを駆使して「イメージづくり」に役立つ「計算」に明け暮れる「問題解決者」たちが挙げられる。そして最終的な意思決定者として名指しされるのは、政権の要職に就いて冷戦時代以来の「世界観」や「理論」を疑うことなく「判断」ぬきに決定を下しつづける「イデオロギーに凝り固まった人びと」である。こうした面々が、「リアリティ」とはあくまで没交渉のまま、どのようにそれぞれの職務を遂行し、それがどのように組み合わさっているのか、見るべき成果をあげていないにもかかわらずなぜこのシステムが持続するのか、を剔抉する部分こそ、この論考の白眉といってよいだろう。

「政治における嘘」の「わかりやすさ」にとって、このように時事的な話題をテーマとしていることもさることながら、著者自身が註で断っているように、この話題をめぐる議論の基礎にある「真理と政治の間の関係についてのより一般的な考察」が「真理と政治」としてすでになされていたことが決定的である。「政治における嘘」の執筆にあたって、アーレントはいわば後顧の憂いなく、余裕をもって眼前で展開している出来事だけに照準を定めて分析を進めているように見える。それはとりもなおさず、この論文を読んで「なぜそう考えることができるのか」という疑問が頭をかすめたひとはもちろん、「よくわかった」と思ったひとこそむしろ、「真理と政治」を熟読玩味すべきであるということでもある。こんなに明快な論考だったのかという訳者のおよそ間の抜けた感想も、「政治における嘘」と――解像度が一段と高まった――「真理と政治」との内在的な連関を遅ればせながら見通すことができるようになった結果にほかならないのであろうから。

一九七〇年代前半のアメリカ政治を眺めるとき、アーレントはほとんど絶望といってよい気分のなかにいた。それにもかかわらず、権力機構の中枢にあってみずからの行いについて「自己吟味」しようとする政治家や知識人がおり、また「意見の自由」を守ろうと奮闘するジャーナリズムが存在することにまだ希望を見出してもいた。「政治における嘘」が発表されて半世紀を超えるときを経たこんにち、政治と嘘をめぐる状況の変化はいうまでもなく大きい。なるほど政治と嘘とは古来切っても切れない関係にあったとはいっても、民主主義のリーダーをもって自任する国の政治指導者までもが臆面もなく見え透いた嘘を吐き続けるのはやはり新奇な光景だろう。視野を少し広げていうなら、とりわけデジタル・メディアの出現と普及によってマスコミュニケーションの基本的な構図が一変したことが政治に及ぼす影響には、まだまだはかりがたいものがある。そのようななかで、もしわたしたちが「政治」を諦めず、「政治的自由」を実現しつづけようというなら、アーレントのこれらの論考は依然として避けて通れぬ関門であるだろう。

「真理と政治」を訳してから三〇年経った現在、その翻訳の修正をするにあたって、全体がわかっていなければ部分はわからない、また部分がわかっていなければ全体はわからないという「理解の循環」をつくづく感じた。文章を読む際に人が経験するこの「理解の循環」は、何も文章に限られたものではなかろう。わたしたちが生きていく上で遭遇する人生の「経験」というものも同じだろう。目の前の「経験」の意味は人生の全体が見えていなければしっかりと味わうことはできないし、さりとて遭遇している「経験」がしかとつかめていなければ全体なぞとらえようもない。そういう道理だ。

そうだとすれば、真理と政治をめぐって西洋社会が「経験」してきた（している）ことを鮮やかに描いている「真理と政治」においても、描かれている「部分」をとらえるためには、その部分を部分として成り立たしめている「全体」がとらえられていないと、実は「部分」もとらえられているとは言えないことになるだろう。では、アーレントが「真理と政治」を書くことを支えた「全体」とはどのようなものだろう。

芥川龍之介の自殺の遺書とも言える「或旧友へ送る手記」に「末期《まつご》の眼」という言葉がある。それはこんな文章である。

「僕のいつ敢然と自殺出来るかは疑問である。唯自然はかう云ふ僕にはいつもよりも一層美しい。

君は自然の美しいのを愛し、しかも自殺しようとする僕の矛盾を笑ふであらう。けれども自然の美しいのは、僕の末期《まつご》の眼に映るからである。」

センスを持ちさえすれば「自然の美しい」と判断できるわけではない。そうなら動物も「美しい」と判断するだろう。だがそうはなっていない。動物は自分のセンスが世界に向かうことを止めることはできない。つまり動物は常に世界に開かれ向かうことにおいて世界という存在の一部なのだ、そう言える。世界に属している動物と異なり、世界に向かうセンスをいったん断ち切り、いわば世界を無化することができる、この世界に属さない「末期の眼」をもたなければわたしたちのセンスは「美しい」と判断できない、芥川はそう述べている。

「末期の眼」という表現では文学的すぎてつかみ所がないなら、それを概念的に表現しているウィトゲンシュタインの「世界の意味は世界の外になければならない。世界の中ではすべてはあるようにあり、すべては起こるように起こる」（『論理哲学論考』）という言葉をもってきたらどうだろう。

アーレント自身もこう言っている。「わたしたちは世界内におけるわたしたちの日々の営みを反省するが、その際、考える私は世界の内には含まれない」（『精神の生活』）。

物事の「意味」をつかみたければ物事の外にある「全体」をつかまなければ物事の「意味」はつかめない、どれもそう言っているのだ（もちろん、そのような「全体」はこのようなものだと定義《ディフィニション》（限定）できるものではない。定義＝限定できるならそれはもはや全体ではない）。

では、アーレントが「真理と政治」を書くことを支えた「全体」とは、一体どのようなものだろうか？　わたしは「真理と政治」を三〇年経った今、訳文の修正に留まるとはいえ、翻訳した。「翻訳した」ということはいうまでもなく「読んだ」ということである。「読む」という作業は相手が書いた文章にしたがうということではなく、書かれた文章を部分として包む「全体」を無意識的にせよみずから構成したということに他ならない。読むことにおいては、わたしによって部分とされた相手の文章と、それを部分として包む（わたしにおいて構成された）全体とが「対話」を始める。そして「対話」である以上、話す－聞くの立場の交換が行われる。つまりわたしの全体によって部分として包まれていた相手の部分が、今度は、わたしの全体を部分として包む全体となる。この全体と部分の問答法・弁証法《ディアレクティケー》（διαλεκτική）を対話《ディアロゴス》（διάλογος）は、必ず含んでいるのだ。そうならば、対話の場合は「相手がこう言っている」とか、文章を読む場合には「相手がこう書いている」とか言って、自分の関与はないかのように振る舞うことはできないということになる。相手を知ることは相手を知る自分を知ることなしには成り立たない――対話における部分と全体の相互転換の弁証法はそう告げている。いかなる「読む」「話す」も、そしてアーレントが「一者のうちにおける二者」という言葉で告げているように「考える」ということも、部分と全体の相互転換の弁証法という生き生きとした働きを演じている。このような生きた働きが本当の理性《ロゴス》（λόγος）である。カントの「拡張された考え方」とは対話におけるこうしたロゴスの働きを指している。ロゴスをもつ動物《ゾーン・ロゴン・エコン》は断じて合理的に考える動物（animal rationale）などではない。

その意味では、「訳者あとがき」で「こう書かれている」とだけ書くのは半面しか告げていないことになる。アーレントは、或るものが何であるかを判断するとき、人はそのように判断する自分がどのような人物で「誰」であるかを告げていると述べる。吉本隆明の言葉をかりれば、いかなる「指示表出」も「自己表出」を含まざるをえないということだ。

アーレント自身が「こう言っている」と訳すことは、「こう言っている」ととらえることを可能にするわたしの全体がアーレントの言葉を包んでいるのであり、しかも繰り返しになるが、「読む」には、相手と自分との間で部分と全体の相互転換の生きた弁証法＝対話が成り立っていて、この対話は「読む」人誰もが参加できる開かれた構造がある。この部分と全体の相互転換の生きた弁証法＝対話の構造は、ハンス＝ゲオルク・ガダマーの「地平の融合」(Horizontverschmelzung)」という言葉を使えばよりわかりやすいだろう。ならば、訳者が始めたアーレントとの対話には読者も参加しているはずだ。対話の仲間として迎え入れている以上、訳者がアーレントと始めた対話において、アーレントの言葉を部分として包む訳者の全体（＝地平）がどのようなものかを述べておくことは「礼儀」というものであるかもしれない。

＊

アーレントの「真理と政治」の部分をなしている主要な概念を拾い上げてみよう。思いつくままに挙げれば、考える、認識する（知る）、判断する、行為する、そしてリアリティ（現実）、事実、意見、真理、嘘、コモンセンス、政治、市民、哲学者、孤独などであろうか。問題は、これらの部分である概念が、部分と全体の相互転換の生きた弁証法＝対話を可能にするような全体はどのような構造であろうか、ということになる。

ここで挙げたどの概念も、わたしたちの日常生活で何気なく使われている言葉にすぎない。いくつかの言葉が普段どのように使われているかのコンステレーションを考えてみよう。

わたしの外の世界にモノがあって、わたしは公園に植えられているそのモノを「桜」であると表象・認識（representation, Vorstellung）し、「あっ、桜だ、きれいだな。一枝折りたいけど、公共の木だから」と〈考え〉、よしこの桜の木陰でお昼を「食べようか」〈意欲・意志〉、それとも「あそこのベンチに座って食べようか」と思案し、〈わたし〉はそれを自由に選択し、その結果、木陰で食べようと〈判断〉し、それを彼女に「どう、気持ちよさそうだから、木陰に座って食事をしようか」と言葉でつたえる。彼女は相づちを打ち、二人は食べる〈意志〉を現実化するために、桜の木の方向に足を運び、木陰に座って食べるという〈行為〉を実行する――このようなごく当たり前の日常生活の場面を思い浮かべていただきたい。こんなふうにわたしたちは暮らし、こんなふうに理解しているはずである。

この何気ない日常風景のうちには、つまりそのように考え、認識し、意志し、判断し、行為することのうちには、そう「考える」ことを可能にする「全体」が潜んでいる、そうでなければそうしたことはそもそも成り立たない。この「全体」は、形而上学《メタ・フィジーク》（物事がどうなっているかを知ることを可能にするもの）と呼ぶこともできる。つまりこの風景におけるさまざまな言葉が織りなしているコンステレーションのうちに、そうしたことが可能となる条件である「形而上学」を読みとることができるわけである。もちろん、木陰に座って食事をとっているわたしは、そんな形而上学に参与していることなど露ほども考えたことはないかもしれないが。

この日常風景のうちにどのような「形而上学」が隠されているかを読み取る前に、いくつかのことを確認しておこう。

①わたしは「世界」がわたしの外に存在していること、そして世界のうちにはモノがあるということ（その客観的存在）を、疑うことなく自明の前提としている。

②モノの存在（Sein）、つまり桜が、ある（existentia）ことと、そのモノが桜で、ある（essentia）ことは、存在者（Seiendes）としての桜がもつ性質のように了解されている。桜は桜として、わたしの眼前に存在している。

③科学という言葉をもちだすと、少し大げさになるが、わたしが表象という形で捉えている桜という存在者を、科学はわたしの表象が表象の対象を正しく「認識」しているかどうか把握する働きである。この「認識」は真偽を問うことができる。

④わたしの表象にせよ、科学の認識にせよ、桜という「存在者」に向かい、この存在者の「存在」は自明の前提とされている。ここから、世界はモノからできているという世界観が、日常生活がその上で営まれる大地となっていることが見えてくる。

⑤この日常生活の風景の中では、わたしが「考える」働きが向かうのは、日常生活においてわたしが出会うものである。わたしは何かに関わっているとき——たとえば、桜の木陰でお昼を「食べようか」とか、それとも「あそこのベンチに座って食べようか」ということ——、わたしは色々と「考えている」と思っているのである。「考える」とは何かに関わり、その物事に関わることだ、そうわたしは考えているようだ。考えることは、何か（存在者）に向かうことにおいて、知識を獲得したり、行為の結果をもたらすための道具とされているのである。ここから、プラトンに端を発する「考える」ことの技術的解釈がはじまる。

⑥木陰かベンチかの選択の場面を思い浮かべていただきたい。わたしは、どちらの存在者にかかわるかを自由に選択することができる、これが自由というものだと実感している。自由は、どの存在者に関わるかを決める選択《リベルム・アルビトリウム》の自由として了解されているのだ。

⑦何気ない日常風景のうちにも、結構さまざまなことが前提されているわけだ。長くなりすぎてもいけないので、最後に、「行為」を取り上げて切り上げるとしよう。ここにおいて行為は、思考が設定した目的を実現するための手段として、目的‐手段のカテゴリーで理解されているのが見て取れる。行為の技術的解釈（敷衍すれば政治の技術的解釈）が、いつのまにか日常風景の一部となっているのである。

これくらい挙げておけばよいだろう。

さて、この日常風景において検討した言葉が織りなすコンステレーションは、三つの構成要素からなるシステムとして描くことができる。三つの構成要素とは、世界、自己、他者である。アリストテレスの言葉を使って、ロゴス、パトス、エトスと言い換えてもよいだろう。「火事だ」という言葉《ロゴス》で三つの構成要素のシステムを考えてみよう。わたしは「火事だ」と叫ぶことで、①「世界」の状態の認識を告げている（ロゴス）。②同時に火事という状態に驚いている「自己」の情動を告げている（パトス）。③最後に、「火事だ」という「世界」と「自己」の状態を告げる言葉は「他者」に向けて逃げろと告げてもいる（エトス）。

興味深いことにカントの三批判書は、この三つの構成要素のシステムを描いている。三批判書は、世界、自己、他者の存在の事実を前提して、いかにして世界の事物の認識は可能かと問う『純粋理性批判』（一七八一年）、自由はいかにして可能かを問う『実践理性批判』（一七八八年）、そして美しいというセンスの判断は、いかにして他者のセンスとコモンになれるか（コモンセンスはいかにして可能か）を問う『判断力批判』（一七九〇年）というふうにまとめることができる。カントの三批判書は明らかに、人間という存在はどのようにあるか（『人間学』）という問いによって主導される一つシステムのもとで構成されているのである。

ところで「真理と政治」から見れば、未だ来たらざる未来の「全体」とも言える、未完に終わったアーレントの三批判書ともいうべき『精神の生活』は、考えること《シンキング》（『純粋理性批判』）、意志すること《ウィリング》（『実践理性批判』）、判断すること《ジャッジング》（『判断力批判』）という形をとっている。アーレントの『精神の生活』

がこうした構成をとったことを彼女の思想の動きに合わせて丹念に突き止めることは、わたしにはおよそ不可能である。しかしながら、世界、自己、他者というまさしく人間の存在の在り方に関わる三批判書を新しい「大地」（わたしたちの言葉で言えば「全体」）の上に構築しなければならない、一つの理由ならわかるような気がする。

そう、恩師ハイデガーの『存在と時間』（一九二七年）のインパクトである。以下、本書に関連することだけに絞って話を進める。

先ほど例に挙げた「わたしの外の世界にモノがあって、わたしは公園に植えられているそのモノを「桜」であると表象・認識し……」の文に戻ってみよう。そこでは①から⑦までの事態が成り立っていた。このようなわたしたちの日常生活の風景をその上で展開可能にする「大地」を、ハイデガーの『存在と時間』は取り去ってしまうのである。

うまく説明できるかどうか自信はないが、こんな例から始めよう。クモはチョウがクモの巣に引っかかってネットを揺らすと、「獲物」に反応して捕らえて食べる。ところがそのクモの目の前にチョウを置いても食べたりしない。何の反応も起きない。

娘が畑の畦で薄茶色の体毛に覆われたモグラらしきもの（わたしにしても本物のモグラなど見たことがない）を捕まえて戻ってきた。早速、透明なアクリル製の空の水槽にモグラを入れて、上から、横からと飽きることなく眺めていたかと思うと、庭に出てやおら掘り始める。なにやら掘り出したものを小瓶の中に詰めている。モグラの身に何かあってはいけないと図鑑で調べたモグラのエサ、ミミズを捕っていたのだ。ビンの蓋を開けて、つまみだしたミミズをモグラのいる水槽の中に三匹、四匹と放つ。ところが、いくら待っていても、食べる気配がない。モグラの鼻先をミミズが這っていてもまったく気づかない。「パパ、どうすればいいの」と娘の弱々しい声。ハッと思う。モグラにとってどうやらこの状態では「ミミズ」が「ミミズ」として存在しない。わたしたちは「ミミズ」の形をした生きものを見れば「ミミズ」だとわかるが、モグラにとって「形」だけではミミズは存在しないのだ。また、土の中ではミミズはモグラが近づくと逃げるはず。モグラがそばに来たことを感知できなければ、ミミズはモグラに食べ尽くされてしまうからだ。ミミズには眼がない。だからアクリルケースの中でモグラの鼻先を這ったりしたのだろう。

ミミズは「危険」をどのように感知するのだろう？　モグラやミミズが普段そこにおいて「生きている世界」、つまり具体的にそれぞれの生が営まれている「環世界」(Umwelt) と、アクリルの水槽の世界とでは「世界」の有り様が異なってしまうのだ。そこでミミズとモグラしか入っていないアクリルケースの中に、土と枯れ葉などを入れてみた。するとモグラはミミズを食べ始めたのだ。娘の満面の笑顔。ミミズはモグラから逃げようと身体をくねらせ土にもぐろうとしている。「世界」が一瞬で変わったのだ。おそらく眼のないミミズは、モグラが土中を進むとき生じる微振動をすばやく感じ取り「モグラ」を感知しているのであろう。その意味でミミズにとって土がなければ「モグラ」は存在しない。眼はあるがほとんど見えないモグラにとっては、ミミズの形やミミズの匂いだけでは「ミミズ」は存在しない。ミミズが土や木の葉の上に身体を這わせるときに発する微震動の低周波などを感じ取って「ミミズ」を感知しているのであろう。落ち葉などが混ざった「土」がなければモグラにとっても「ミミズ」は存在しないのである。どうやら、ミミズの頭の先端の所だけを噛みきり、はい出せぬようにして巣の中に蓄えておくことができるモグラにしても、元々の環世界を成り立たせていた複合的な諸要素を「抽象」されたアクリル世界のなかでは生きることができないようだ。

動物はその環世界がもつ特定の「場」の中で生きている。モグラにとって自分の環世界の場の中でミミズが身体をくねらせ移動するときに発する土や枯れ葉の微振動などのシグナルの組み合わさったときに、エサとしての「ミミズ」が現出する。環世界の「場」から切り離された「対 - 象」(Gegen-stand) としての「ミミズ」は、モグラにとって「存在」しないのだ。モグラは「ミミズ」とミミズがそこにおいて生を営んでいる「場」(=世界) を抽象して分離できない。別の角度からいえば、ミミズとミミズがそこにおいて生きている世界は分離できない一つのものであると言える。絶対矛盾的自己同一、そんな言葉を使ってみたくもなる。モグラにとって、世界から抽象された「ミミズ」は存在せず、ミミズ「としての」ミミズは存在していないのだ。ところが②の文章を思い出してほしい。わたしの眼前には桜は桜「として」存在していた。わたしには存在者（ミミズ）がミミズであるものとして存在している。存在者（ミミズ）の存在（ミミズがミミズとして存在していること）がつかめている。モグラとわたしの違いは「存在」(あるということ) の了解の有無にある。ハイデガーの『存在と時間』はここを突いた。

人間にはモグラとは違って「ミミズが存在する」という「アレーテイア（真理）」が開かれている

からだ。存在者、すなわち「ミミズ」が「ミミズ」として人間にとって「ある（存在する）」ということは、人間が「ある」に開かれていることによって可能な事態なのである。「存在者」すなわち「物」が「ある」という事態は、「存在（ある）」（es gibt）による「贈与」である。

「神秘とは、世界がいかにあるかではなく、世界があるというそのことである。」（『論理哲学論考』）

「あらゆる存在者のうちひとり人間だけが、存在の声によって呼びかけられ、〈存在者が存在する〉という驚異のなかの驚異を経験する。」（ハイデガー『形而上学とは何か』）

人間にとって世界、自己、他者が「存在」し、人間が他の存在者や自分自身に関わることができるのは、人間が「存在」を理解しているからにほかならない。

「もし現存在があらかじめ無のなかに入り込んだ状態を保っていないとすれば、その場合には、現存在は決して存在者に関わる行為をすることはできず、また、自分自身に関わる行為をすることもできないであろう。無が根源的に開示されることなしには、自己であることも自由であることもないのである。」（『形而上学とは何か』）

モグラは世界の存在者に繋縛され存在者へと端的に没入しているため、存在者が存在者として現れ出ることもないし、世界が存在することもない。すなわち「すべて動物は、世界のうちにちょうど水の中に水があるように存在している」（バタイユ『宗教の理論』）。したがって、モグラやミミズには自分も世界も存在しない。それればかりでなく、自分や世界が存在しないのであるから、誕生も死も存在しない。モグラやミミズは生まれず死なず……。モグラやミミズ（存在者）が存在者として存在するのは、存在（在るということ）を了解している人間にとってのみである。存在者の存在を了解している人間にとってのみ、モグラやミミズ、そして世界が存在する。存在を了解している人間のみが死ぬ。人間においては、存在者が存在者として現れ出て、世界が世界として存在する。

ハイデガーは、このように人間において世界が存在し、存在者が存在者として現れ出ていることをアレーテイア（ἀλήθεια、「真理」とも訳されるが原義は「隠されていないこと」）。世界や存在者が隠されたままでなく、世界としてそして存在者として現れ出ていること）と呼ぶ。①や②の日常風景においてわたしたちが「真理」という言葉のもとで思い浮かべている、「知性と事物との一致」（adaequatio intellectus et rei）としての「真理」は、アレーテイアとしての「真理」のもとで人間においてはじめて存在者が存在者として現れ出ることの効果として可能になる、派生的な真理にすぎない。ひとり人間のみが存在者への繋縛から解き放たれて、存在者を存在者として明るみ（Lichtung）に出す「存在の光」（Licht des Seins）の中に立つ。

ハイデガーにとって「人間」はアルケーではない。逆だ。「存在」が或るものに開かれたから、そのものが「人間」になったのだ。「わたし」が「存在」を「知る」のではない、「わたし＝人間」は「存在」が開かれた効果として生じたのだ。「人間」から始めることは「転倒」である。「存在の光」によってヒトは「現存在」（Dasein）になる。

ハイデガーの「存在」理解の視点に立つとき、カントの『純粋理性批判』は世界において物が存在する事実を自明の前提として、いかにして物の認識は可能かを問うものであったことが浮き彫りになる。カントの三批判書は「存在者」が存在することの自明性の上に構築されているのだ。世界（物）、自己、他者という存在者の存在の自明性の上に構築されている三批判書は、存在者が存在者として人間において現れ出る（アレーテイア＝真理）のは、人間が「存在」を理解しているからであるという「大地」の上に構築されねばならない。アーレントは『精神の生活』において、人間における「存在」の出現、言い換えれば人間においてのみ世界が世界として開かれ現れ出ていることの分析に立脚して三批判書を基礎づけし直そうとの構想のもとに、考える《シンキング》こと、意志する《ウィリング》こと、判断する《ジャッジング》ことを書いている。「真理と政治」はその途上にあるとは言え、未来のものであるこの全体と、部分と全体の相互転換の生きた弁証法＝対話を開始しているのである。

　この対話に参加するとき、先に述べたわたしたちの日常風景の①から⑦の前提はまったく別の景色となって現われる。「現存在」が予め世界と存在者の「無」の中に保たれていなければ、わたしの存在や自由のみならず、そもそも日常風景の①から⑦は成り立たない。世界と存在者が在ることから出発する「常識」から見ると、世界と存在者の「無」から出発して「在る」ことの「驚き」を問う「哲学」は「逆立ちした世界」（ヘーゲル）に映る。わたしたちの日常風景において「モノ」や「事実」として存在するものは、「無」から射し込む「存在の光」のもとではじめて現れ出ているのである。比喩的に言えば、わたしたちは「存在」という「末期の眼」で、世界、自己、他者を見ることへとアーレントから誘われている。

今回の新版で翻訳を見直すにあたって、山田と引田は〈訳語としては正しいが、問われている問題を逸らしてしまう〉、そういうことにならないようにできる限り気を配ろうと話し合った。それがうまくいっているかどうかは心許ないが、「ポスト・トゥルース」という言葉が日常の中にまで入り込んでくる時代を生きるために、本書がもつ意味に関しては疑うところはないと思っている。

本書がなるにあたっては、みすず書房の守田省吾氏に言葉では言い表せないほどのお世話になった。末筆ながらあらためてお礼申し上げたい。

二〇二四年四月

山田正行

引田隆也

我々は何に驚くべきか

――アーレント「真理と政治」（一九六七年）、「政治における嘘」（一九七一年）解説

國分功一郎

本書はドイツ出身のユダヤ系思想家であり、戦後の米国で活躍したハンナ・アーレントの二つの論文、「真理と政治」（一九六七年執筆）と「政治における嘘」（一九七一年執筆）をまとめた日本語版オリジナル編集の書籍である。前者は『過去と未来の間』（一九九四年、みすず書房）に、後者は『暴力について』（二〇〇〇年、みすず書房、みすずライブラリー）に、そのすぐれた翻訳が収録されており、これまでも多くの読者を獲得してきた。今回、訳者である引田隆也氏と山田正行氏が、訳文にさらに手を加えるとともに新たな訳注も付け加え、二つの論文は改めて世に問われることとなった。

なぜ改めてこの二つの論文を収録した書籍を出版するのか。一九七五年にこの世を去ったアーレントの名はもちろん生前から日本でも知られていたが、長い間、研究者や読者の間で幅広い関心を集めていたとは言えなかった。マルクス主義の影響力が強かった当時のアカデミズムにおいて、彼女の反マルクス主義的な思想が多少とも反発を呼んでいたこともこれと無関係ではなかろう。その思想が強

い関心の的となるのは一九九〇年代に入ってからである。冷戦終結後、理想主義的とも現実主義的とも容易には形容できない、その透徹した政治思想が、新たな政治のあり方を求める人びとの強い関心事となったのである。

二〇一〇年代以降、アーレントの思想はふたたび注目の的となる。「ポスト・トゥルース」や「フェイク・ニュース」といった新語がマスメディア上で話題となり、「ポピュリズム」と名指された政治現象が世界中で台頭していると盛んに論じられるようになったそのさなか、かつてアーレントが大著『全体主義の起原』（一九五一年）において全体主義を見事に分析していたのを思い出した人びとは、そこに分析の手がかりを求めるようになっていったのである。

読書する人びとのこのような直感には、つねに何らかの応答すべきシグナルが含まれている。「いったいどうしたらよいのだろうか…。そうだ、そういえば、あの思想家が…」。政治状況に関して政治家ではなくて思想家が呼びさまされるという事態には何らかの緊急性が認められるのであって、専門家はこれに訳知り顔で対応するのではなく、真剣に応答しなければならない。実際、ハンナ・アーレントは二〇一〇年代以降の政治を分析する上で、きわめて有益な手がかりを示してくれる思想家なのである。

ではそれはいかなる意味においてであろうか。アーレントの思想が現代の政治状況を考える上で大いに参考になることの理由は決して難しいものではないように思われる。アーレントは全体主義批判をその生涯の課題の一つとし、その課題の遂行のために二〇世紀初頭に現れた大衆社会の諸々の特徴を余すところなく論じた。ここに言う大衆社会とは、階級社会の消滅の後に現れ、全体主義を用意することになった社会のことである。階級社会は人びとを分類し包摂する複数のリジッドなグループの存在によって特徴づけられる。大衆社会はそれに対し、アトム化された人間によって構成される、均された、ノッペリとした大衆という存在を特徴とする。

おそらくグローバリゼーションと情報化社会によって特徴づけられる二一世紀の世界とは、この大衆社会の特性が極限まで押し進められたものに他ならない。グローバリゼーションはさまざまな中間団体を破壊し、人びとを、いかなる集団にも属さない「自由」な個人、極限的にアトム化された個人の集合に作り替える。情報化社会はリジッドなグループがさまざまな団体を通じて占有していた権益を次々と「民主化」し、社会を支えていたさまざまな権威を次々と打倒する。かつてアーレントが分析した大衆社会の特徴は、いまや誰の目にも明らかな現代社会の特徴になりつつあるとすら言うことができよう。

ここで急いで二つの留保をつけておく必要がある。当たり前のことだが、アーレントは二一世紀の世界を目にしていない。したがって、その大衆社会の分析が今もなお役立つとはいっても、限界があるのは当然である。もう一つ。アーレントの思想には間違いなく保守的な性格がある。二〇世紀初頭、それまでの階級社会が大衆社会に取って代わられて全体主義が準備されたと彼女が指摘するとき、そこに、階級社会のままであればあんなことにはならなかったというニュアンスを読み取らないことは難しい。もちろんそんなことを彼女が言っているわけではない。しかし、階級社会に心の底から反発を抱いていたとしたら、あのような言い方をしたであろうか。たとえ彼女の大衆社会の分析の大枠が今もなお参照されるに値するものだとしても、そこから導きだされ得る結論は彼女自身の政治思想の偏向から自由ではない。

だが、以上の留保を踏まえた上でも、依然としてアーレントの思想が現代世界の分析に役立つことは間違いない。そして、なかでも「真理と政治」および「政治における嘘」という二つの論文は、大衆社会における嘘の役割を考える上で必読の文献である。本当にそうであるかどうかは実際に二つの論文を読んで確かめていただくほかないが、アーレントの論文が誰にでもさらりと読めるものでないことも事実である。ここでは、少しでも読者の助けとなるよう、注目すべき論点を紹介しながら、二つの論文の大まかな姿を描き出してみたい。

嘘を語るとはどういうことか

二つの論文にはそれぞれ、執筆のきっかけとなった出来事がある。「政治における嘘」については、ベトナム戦争におけるアメリカの政策決定のあり方についての国防総省秘密報告書《ペンタゴン・ペーパーズ》がニューヨーク・タイムズによって暴露された事件、「真理と政治」については、アーレント自身も註（五五頁）で示している通り、『エルサレムのアイヒマン』（一九六三年）の出版後に起こった論争である。ただし、前者が徹頭徹尾この報告書の分析に費やされているのに対し、後者では論争はあくまでもきっかけとなったに過ぎず、論文にはそれに対する直接の応答は読まれない。

両論文は嘘という主題を共有している一方、議論が向かう先は別である。「政治における嘘」は、政治がこの現実とは別のところで延々と行われることへの批判に向かう。その限界の外にあるのは、学問や司法やジャーナリズムなどが担うべき真理の領域である。他方、「真理と政治」は、政治による決定がこの現実において及ぶべき範囲の確定、つまり政治の限界の確定を目指している。

政治の現実乖離と嘘の関係という前者の主題がそれ自体で理解できるものであるのに対し、後者の主題はそうではない。政治の限界の確定という課題と嘘という主題との結びつきは決して自明ではない。この結びつきを理解するためには、アーレント自身による政治の独特な定義、そしてそこから導き出された、嘘についてのじつに興味深い定義についての知識が欠かせない。

アーレントによれば政治とは行為であり、行為とは何かを始めてこの世界を変えることに他ならない。変えると言っても、革命のような大袈裟なことを考えなくてよい。ほんのわずかであれ、これまでとは違うものごとの流れを生み出すことができたなら、我々は行為したのである。すると、嘘とはまさしく行為の一つとして名指せるものであろう。嘘を語る者は「世界を変えようとしている」からである（九二頁）。「嘘を語ることと、行為すなわち世界を変えること――要するに政治――との認めざるをえない親和性」をアーレントは指摘する（一〇五頁）。

もしも人間が自然のなかに完全に埋め込まれた存在であったならば、自然の流れを変えることは人間にはできなかったであろう。つまり人間には行為は不可能であっただろう。ところが、人間には自然の流れに逆らって、そこに亀裂を生じさせることができる能力が備わっていた。「わたしたちは〔…〕世界の他のものと取り替えることができない一部分として世界にぴったりはまっていたり埋め込まれているわけではない」（五頁）。

だからこそ政治も可能になったのだが、同時にこの能力は、「土砂降りのときでも「太陽が照っている」とわたしたちが言うのを可能にする神秘的な能力」をもたらしたのだった（九二頁）。つまり、人間は環境から相対的に自由であり、だからこそ、単に必然性に流されて生きるだけではなく行為もできるし、他方で、目の前の現実を堂々と否定することもできる。「真理と政治」は次のように断言する。嘘を語れるのは人間が自由であることの証しに他ならない（九三頁）。ここに、この自由はどこまで及ぶべきなのかという論点が現れる。嘘と行為が同根であるがゆえに、嘘についての議論は、政治という行為の及ぶべき範囲の確定について重要な意味を持ってくるのだ。

驚くべき新事実がないという驚くべき事実

アーレントによる嘘の定義を踏まえて、今度は「政治における嘘」が主題とした、政治がこの世界とは別のところで延々と行われること、すなわち政治の現実乖離の意味するところを考えてみよう。ペンタゴン・ペーパーズこそはその驚くべき証言であった。とはいえ、それはいかなる意味で驚くべきものであったのか。

嘘という主題は、それを目にした者にすぐさま、事実とその隠蔽、本当と嘘という対立を思い起こさせる。だが、これら二つの論文において最も注目するべきなのは、アーレントの分析がこの対立に収まらない次元に及んでいることである。アーレントの嘘論は、「真理と政治」で述べられた「伝統的な政治的嘘」と「現代的な政治的嘘」という区別（後述する）を軸に説明されることが多いのだが、その区別は難なく理解できるものであるため、アーレントの議論にある、最も洞察に富んだ論点がそれによってのみ込まれてしまうことがしばしば起こる。それではアーレントが紹介している事実に驚くことができない。我々はまずそれに驚くべきであると思われる。そのためには、本書の収録順の通り、一つの驚くべき事実を紹介した「政治における嘘」から読み始めるのがよい。

アーレントが「政治における嘘」で繰り返し強調しているのは、ペンタゴン・ペーパーズが暴露したことの中に目覚ましい新事実はほとんどなかったという事実である（三七頁）。ペンタゴン・ペーパーズは「日刊紙や週刊誌を読む平均的な読者の役に立つ重要なニュースをほとんど明らかにしなかった」し、その中には、「雑誌、テレビ番組、ラジオで賛否両論含めて何年にもわたって公けに論争されたことのなかった議論は何もない」（四九頁）。政府は確かに嘘をついていた。しかしここには、機密があって、それが機密だと分かっている当局がこれを隠蔽するという構図が成立していないのだ。

国防総省秘密報告書が長い年月をかけて準備されていながら、ホワイトハウス、国務省、国防総省の人びとがどうもそれを無視してきたらしいのは驚くべきことである。しかし、秘密報告書が完成された後、政府官僚制内部のすべての方面に全巻が配付されていたにもかかわらず、ホワイトハウスと国務省はその四七巻の所在を突きとめることさえできなかったのは、もっと驚くべきことである。(三二頁)

機密と機密の隠蔽という図式が成立していないから、秘密報告書なるものを検討して何を実効的に隠蔽するべきかなどということには考えが及ばない。そもそも当局は秘密報告書にまったく関心がない。これは、嘘が嘘であることは明らかになってしまっているのに、その嘘に従っているという状態に他ならない。アーレントの分析が、事実とその隠蔽、本当と嘘という対立に収まらない次元に及んでいるとはそのような意味である。そして、アーレントはそのことに驚いている。

この事態を最も強烈に証し立てているのがドミノ理論をめぐる事態に他ならない。今でも世界史の教科書には、アメリカは、一国家の共産化はまるでドミノの最初の一コマを倒すように作用して周辺地域国家に次々と共産化をもたらすというドミノ理論を根拠に北ベトナム攻撃を決意、一九六四年のトンキン湾事件を口実にして爆撃を開始し、一九六五年には地上部隊を南ベトナムに派遣して全面的な戦争に突入したとの説明が読まれる。ところが、ペンタゴン・ペーパーズによれば、一九五〇年代に提唱されたこの古い理論を信じている人物は、政府高官のなかに二人しかいなかった(二六頁)。ベトナム戦争の最初期、CIAも明確にこの理論の妥当性を否定していた。

しかもそれだけではない。「ここで肝心なのは、この理論を受け入れていなかった人もやはり声明で使っていただけでなく、かれら自身の前提の一部としてもそれを使っていたという点である」（二六頁）。理論を心の底から信じていたのでもない。理論が嘘だと分かっていながらそれを必死に隠そうとしていたわけでもない。この理論の嘘は「しばしば消息通の公衆にも知られていた事実」だった（二五頁）。

ここに見いだされるのは、〈嘘に基づいて政策実行することの意味が分かっているがやっている〉と、〈政策実行をしているがそれが嘘に基づいていることの意味が分かっていない〉の差がほとんどなくなるような事態である。彼らは、〈分かっているがやっている〉（通常の嘘つき）と〈やっているが分かっていない〉（嘘つきの被害者）のどちらでもある。しかも、そのような事態に自らが陥っていることを理解するのは容易なはずなのだ。この理論を否定するＣＩＡによって十分なデータが示されていたのだから。

これはある種のシニシズムと呼ぶことができる。嘘の理論を実行していることは分かっていてもそれをただ単に冷笑するだけだし、嘘の理論を実行していたことが分かっても少しも腹を立てない。アーレントの分析によって示された、政治における嘘のこの次元の存在に、我々は驚くべきである。これに驚かなくなったときに何が起こるのかを、我々は半世紀以上も前に目撃したのである。

思考の定義とソクラテス

ベトナム戦争を引き起こしたアメリカ政府の下劣さについて、ここで改めて説明する必要はなかろう。またアメリカ政府の内部の視点から見ても、あの戦争が――一九六五年の時点で即時撤退を大統領に進言する勇気をもっていた唯一の政府高官が述べた通り――「この国〔は〕狂気に憑かれたように「その資源を見当違いの場所にある下水口に流し込んでいる」」と指摘されるべきものであったことも論を俟たない（二九頁）。そしてその根幹部には、今述べたような、驚くべき政治的シニシズム、あるいは、現実からは乖離した幻想のなかに住んでいた者たちによる政策決定があった。

ではどうすればよいのだろうか。「政治における嘘」の結論は適切ではあるが、穏当なものであって、「報道機関は、自由で腐敗していないかぎり、途方もなく重要な機能を遂行する」というものだ（五〇頁）。もちろん、穏当とは言え、同論文の指摘する事実に一度でも十分に驚いた読者には、この一節は、それだけを取り出して読んだ読者に対してとはまったく違うように鳴り響くに違いない。

現代の政治的嘘をめぐる状況に対するアーレントなりの哲学的な応答が読まれるのは「真理と政治」である。特にその第三節におけるソクラテスについての議論は決定的に重要である。アーレントの政治思想の核心の一つが語られていると言っても言いすぎではない。高密度で豊かな同箇所の議論のすべてを紹介することは叶わないが、その筋道を概観してみよう。

先に紹介した政治におけるシニシズム、あるいは幻想の住人たちによる政策決定に欠けているのは何か。誰もがすぐに気がつくように、自分がやっていることと現実とを比較して、両者をすりあわせることである。自分がやっていることと矛盾する事実やデータの存在に気づいた人間は、「お前がやっていることは、この事実やデータと矛盾しているではないか」という内なる声を聞く。その声に対し、たとえば、「本当に矛盾するだろうか。見てみよう」とか、「確かにそうだ。こんなおかしなことはやめよう。ではどうやってやめようか」などといった内なる対話が始まるならば、そのときに人間はものを考えている――これがアーレントの考える「思考」の定義である。ペンタゴン・ペーパーズに描かれたアメリカ政府高官たちに欠けていたのは、このあまりにも当然と思われる人間の営みに他ならない。

アーレントは一者である人間がその内面において二者に分かれて対話することを思考と呼んだ。「わたしとわたし自身との間で交わされる声なき対話」が思考である（八三頁）。このじつに魅力的な定義をアーレントはソクラテスから、正確に言えば、プラトンの初期の対話篇『ゴルギアス』から、さらに正確に言えば、プラトンが同対話篇でソクラテスの台詞として記した「ぼくがぼく自身と不調和であること ἐμὲ ἐμαυτῷ ἀσύμφωνον εἶναι」（四八二C）というたった一つの文言から導き出している。アーレントは生涯この定義にこだわり続けた。その姿を見ていると、彼女は古代の哲学文献『ゴルギアス』を通じて二〇世紀の政治経験を問い直すことが可能であると確信していたかのようにすら思えてくる。

『ゴルギアス』ではソクラテスがまず高齢の大弁論家ゴルギアスの弁論術の考え方に疑問を投げかける。ゴルギアスは自らの矛盾点を指摘されるが、弁論を終えたばかりで疲れているとの理由から議論はその若い弟子のポロスに引き継がれる。ポロスとの対話は正と不正を主題とするものへと移行し、ソクラテスはその中で、不正を行っていながらも裁きをうけないのは最も不幸なことだという主張を投げかける。ポロスは説得されないが、引き下がる。その後、気性の激しく口の悪い男、カリクレスが対話相手として登場する。カリクレスは——対話篇『国家』に登場するトラシュマコスさながらに——力こそ正義だという類いの論を展開する。それに対しソクラテスは、先の主張が間違っているというのならそれを証明してくれと問いつつ、こう述べる。

〔ぼくはこう考えているのだ〕「世の大多数の人たちがぼくに同意しないで反対するとしても、そのほうがまだしも、ぼくは一人であるのに、ぼくがぼく自身と不調和であったり、自分に矛盾したことを言うよりも、ましなのだとね」（プラトン『ゴルギアス』加来彰俊訳、岩波文庫、一九六七年、一一六—一一七頁。四八二C）。

この一連の流れからアーレントは、ソクラテスの言葉を煎じ詰めるようにして二つの命題を取り出す。ポロスとカリクレスに投げかけた主張から、「不正を行うよりも不正をこうむるほうがよい」［第一の命題］（八一頁）。もう一つは、カリクレスへの問いかけへの補足から、「自分自身と不調和であったり自分自身に矛盾しているよりも、世の中全体と不調和のほうがよい」［第二の命題］（八三頁）。

第一の命題は倫理に関わっており、第二の命題は思考の条件そのものを記している。自分自身と矛盾したままでいるとは、たとえば、「お前がやっていることは、この事実やデータと矛盾しているではないか」という内なる声を聞いたにもかかわらずそれを無視すること、すなわち内的な声なき対話を拒否すること、つまりは思考を停止することに他ならない。何かに気づいている私自身を私が無視し、私が私自身と不調和になるのである。そして、哲学は思考することから絶対に切り離せないのであるから、第二の命題は哲学することそのものの絶対的条件だということになる。

重要なのは、第一の倫理的命題がこの第二の命題から直接に導き出せるということである。内なる声を無視するならば、人は不正を不正と知って行うことができる。逆に、人は第二の命題に忠実であるならば、たとえ周囲と不調和な状態に陥ろうとも、不正を行うぐらいだったら不正をこうむるほうがマシだと判断するであろう。このじつに素朴な推論は、決して読み流してよいものではない。なぜならば、哲学はこれまでいかなる倫理的な命題をも、命令の形でしか考えることができなかったからである。これこれをせよ、これこれをするなという倫理的な命令を作ることはできる。しかし、哲学的な経験から直接に倫理を導き出すことに哲学は成功しなかった――ソクラテスを除いては。それゆえ、アーレントはこのソクラテスの言明を「命題であって命令ではない」（八二頁）と強調し、第一の命題について次のように述べるのだ。「わたしの知るかぎりそれは本質的に哲学的な経験から直接に導き出すことのできる唯一の倫理的命題であった」（八一頁）。

哲学は何をなしうるか

しかし、哲学と政治の間には大きな溝がある。哲学が扱う真理は一者としての人間に関わっている、つまり原則的には一人で到達できるものであり、同意を必要としない。それに対し、政治が必要とする意見は必ず多数者の同意を必要とする。ある意見について人びとを説得してその同意を取り付けることによって統治は行われる。「あらゆる政府は意見に基づく」(六四頁)。したがって意見による支持を何ら必要としない真理が政治にそのまま持ち込まれれば、一切の政治、一切の統治の根底がくつがえる(六四頁)。

最後の指摘は、一方では、真理を手にしたと称する者による統治という専制政治を思い起こさせる。「真理はそれ自身のうちに強制の要素を伴っている」のであって、「真理を語ることを職業とする者に驚くほど顕著な暴政的傾向」の存在も否定できない(七四頁)。アーレントのプラトンに対する批判的な立場はここから導き出されるものだ。プラトンは哲人王の理想によっていとも簡単に哲学と政治の間の溝を跳び越え、哲学が政治に対して取るべき距離を忘れたことで、結果として、人間が、真理の領域ではなく「人間の事柄の領域」で行う政治なる営みに対する蔑視を生み出したというわけである。アーレントは真理と政治の適切な距離、真理と政治の区別を求めている。

だが、他方で、ここから、同意を主とする政治の領域において哲学者がまったく相手にされないという事態をも同時に思い描くことができよう。もう一度、第一の命題を思い出してみよう。それは命題であって政治的意見ではない。真理であることを要求する命題である。だが、それが真理であろうとも、政治の領域においては、同意なしでは実践的に有効な帰結をもたらすことはできない。この観点から見たとき、『ゴルギアス』はじつに興味深く、そしておそらくは残酷な事実を示していると言わねばならない。というのも、ソクラテスはこの命題について相手をまったく説得できないからである。カリクレスはまったく説得されない。彼は最後までソクラテスにケチをつけ、それで終わりである。つまり、ソクラテスが主張した倫理的命題は、確かに真理ではあったのかもしれないが、あの対話篇の登場人物たちにはまったく実践的な効果を持ち得なかった（実はその後、このプラトンが描いたソクラテスは、突如、死後の世界、「ハデスの国」について延々と語り出し（五二二E）、そのまま対話篇は終わる。この点についてもアーレントは興味深い議論を展開している。『過去と未来の間』に収録された「権威とは何か」の第五節を参照されたい）。

真理は自らを強制しようとする。しかし、自らを強制するだけで相手を説得しようとしないならば、それは単に横柄な命題に過ぎない。「哲学の真理は単独者としての人に関わるものである以上、本性上非政治的である。それにもかかわらず、自らの真理が多数者の意見よりも普及することを哲学者が願うとすれば、かれは敗北するだろう」（八四頁。傍点は引用者）。そして確かに『ゴルギアス』においてソクラテスは敗北した。ならば、哲学は政治においては負けを認める他ないのだろうか。第一の倫理的命題はおろか、思考の条件を記した第二の命題もまた、政治においては無力であるほかないのだろうか。現代政治の政策決定者たちに思考が欠けているのも仕方のないことなのだろうか。少なくとも哲学はその事態に対して何ら為すすべをもたないのだろうか。

アーレントはここで、突如、この予想にまったく反することを言い始める。実際にはソクラテスの命題は人間たちの実践的な行いに影響を与えてきたというのである（八七頁）。どういうことなのだろうか。確かに真理であることを要求する命題は人を通常の仕方では説得できない。しかし、アーレントによれば、ソクラテスはこの命題の妥当性を示すために、通常とは異なる種類の説得に出た。「つまり、ソクラテスは自分の生命を先の命題の真理に賭けようと決意したのである」（八七―八八頁）。

ソクラテスは冤罪で死刑判決を受けた。ソクラテスには死刑執行を待つ間、牢獄から逃れ、別の国に逃げる可能性があった。しかし、こんなくだらない裁判で君のような立派な人間が命を落とすことはないと説得する旧友クリトンに対し、ソクラテスは、国法を破ることはできない、不正を行うよりも不正をこうむるほうがよいと述べ、死刑を逃れるのを拒否したのだった。ソクラテスはあの命題の真理のために命を落とした。ソクラテスの振る舞いは、二〇〇〇年以上の時がたった今でも我々の心を打つ。その限りにおいて、あの命題の真理は我々の行いに影響力を行使しうる。こうして実例を示すことで命題の真理を人びとに説得すること、それこそがソクラテスのやってみせた、通常とは異なる種類の説得に他ならない。そして、「哲学の真理が実例という形に表わされることができる場合にのみ、哲学の真理は「実践的」となり、政治の領域の規則を犯さずに行為を鼓舞できる」（八八頁）。

実例、あるいは範例を示すこと、すなわち、命題の真理を実際にやってみることによってのみ、哲学の真理は人びとを説得する。なぜか。人間は何か勇気とか善とかいった抽象的な理念を実行するにあたって、その理念をあらかじめ具体化してくれている範例を必要とするからだ。勇気という理念と勇気ある行動の間にはいかなる橋も架けられていない。だからこそ、何らかの模範となる例を人は必要とする。「わたしたちが勇気や善の行為をなそうとするときはいつでも、他の誰かを模倣――キリストのまねび（imitatio Christi）、そのほかいかなる事例でもよいのだが――しているかのようである」（八八頁）。

哲学の真理は非政治的であり、同意という政治の規則にも抵触する。しかし哲学にも、政治の領域の規則に抵触することなく、行為を鼓舞することはできる。プラトン以来の哲学に対して一貫して否定的な態度をとり続けたアーレントが（彼女が自分は哲学者ではないと述べていたのはよく知られる事実である。『アーレント政治思想集成 I』（みすず書房、二〇〇二年）所収のインタビュー「何が残った？　母語が残った？」を参照されたい）、にもかかわらず、自らが大切にした政治という領域において哲学がなしうることを語ったという事実は、たとえそれがソクラテスという極限的な事例に依拠したものであるとしても、我々に哲学について多くのことを考えさせる。

現代における事実の真理と政治の奇妙な関係

ソクラテスの事例は哲学の真理が実践的である可能性を示した。しかし、実際のところ、「政治における嘘」と「真理と政治」が主として扱っているのは、哲学の真理ではなく、事実の真理である。ライプニッツに由来するこの区別において、理性の真理（哲学の真理）とはその反対がありえない真理を、事実の真理とはその反対もありうる真理を意味する。たとえば事実としてカエサルはルビコン河を渡った。しかし、我々はその事実の反対を、すなわち、カエサルがルビコン河を渡らなかった世界を考えてみることはできる。事実にはつねに別様でもありえたという性質がある。しかも、なぜ、ああでなくてこうであるのかを規定する決定的な理由を何一つもたない（七九頁）。ここに事実の真理のやっかいな性質がある。

というのも、ソクラテスのような振る舞いを事実の真理に対して行うことはできないからである。ある事実に命を賭けたとしても、それはその人の勇気や頑なさを示すだけで、事実そのものの真理を明かすことにはならないとアーレントはやや冷たい口調で指摘する（九〇頁）。それも仕方のないことである。愛国心などで動機づけられている政治であれば、「嘘を語る者が自分の嘘に大胆な気概をもって固執してはならない理由など存在しないからである」（九〇頁）。

事実の真理は、哲学の真理とは別の意味で、政治と繊細な関係を取り結んでいる。しかも、二つの真理と政治との関係は歴史的に複雑な変遷を辿っている。この論点を扱った「真理と政治」の第二節はかなり話が込み入っているので、ここでごく簡単に議論をまとめておきたい。これは先に述べた、アーレントの嘘論の最も洞察に富んだ論点にも関わっている。

アーレントによれば政治と真理との対立は、古代における市民の生と、哲学者によって解釈された

――つまり実際にそうだったかどうかはともかくとして、哲学者の考えに沿って捉えられた――哲学者の生との対立にその原型がある。前者はたえざる流動状態にある人間的な事柄の中でつねに意見を変化させているのに対し、後者は永遠不変の真理を扱っているがゆえに、この事柄を安定させる原理をもたらしうる（六三頁）。つまりここでは、哲学者の生の明確な優位が前提されている。

しかしこの対立は一七世紀頃までは存続していたものの、一八世紀、啓蒙の時代にはほとんど消滅してしまった。というのもこの頃から、哲学によっても真理そのものには到達できないという思潮が哲学内部で受け入れられつつあったからである。人間の思考や理性は、存在そのもの、事物そのものに到達できない。ここでアーレントが注目するのはレッシングの対応である。レッシングはこの思潮を歓喜の調子でもって受け入れた。確かに一なる真理は神の手に委ねられている。だが人間には、自分たちにとってそれよりもずっと重要であり意義深い人間同士の会話の豊かさが与えられているではないか、というわけだ。アーレント風に言えば、レッシングは人間にとっての人間の複数性の重要性を知っていたからこそ、強制力を行使する一なる真理を神が代わりに担ってくれていることに感謝しえた。

だが、人間にとっての人間の複数性の重要性、人間同士の会話の豊かさの意義深さについての認識がその後に受け継がれることはなかった。ただ、「人間理性の頼りなさの自覚」だけが世に広まっていった（六五頁）。その帰結の一つがカントの『純粋理性批判』である。カントはその中で理性には限界が内在していることを承認する。近代以降は理性の限界はいわば公理となる（なお、「真理と政治」

では、この分岐点を経て政治と事実の関係がどうなっていったのかが論じられているわけだが、他方、アーレントによれば、哲学そのものもこれを経て変化を余儀なくされた。はっきり言うと、それまでのような意味での哲学にはやることがなくなったというのである。このきわめて重要な論点を扱っているのが「実存哲学とは何か」（『アーレント政治思想集成 I』所収）である。

哲学者の生の明確な優位を前提としていた古代以来の哲学と、理性の限界に直面した近代以降の哲学。その間にいたレッシングは、市民の生に欠くことのできない意見なるものの重要性を、理性の限界とともに肯定し得た。またカントにしても単に理性の限界を承認したのではない。人間の思考は誤りやすいがゆえにコミュニケーションを必要としていること、共同で考えることにこそ「わたしたちの思考の「正しさ」の唯一の保証がある」ことを主張し、理性の公的使用の重要性を説いた（六六頁）。したがって、事ここに至って、一なる真理を扱う哲学と、多なる意見を扱う政治との対立は、ほとんどぼやけたものになっている。現代において、哲学者の生と市民の生の対立などもはや存在していない。哲学者はもう真理の支配権を主張することなど、とうにやめてしまっている。

ところが、アーレントによれば、確かに、「理性の真理と意見の衝突は消滅した、と結論しても正当なように思われよう。／しかし不思議なことに、これは真相でない」のである（六八頁）。ここで登場するのが、事実の真理の問題である。かつて理性の真理が政治と衝突したように、現代では事実の真理が政治と衝突しているというわけだ。ただし――ここが最も重要な点であるが――政府が機密を公衆から隠して、機密を漏らす人間を反逆者として扱うとかそういうことでは**ない**。

アーレントは「真理と政治」でもまた、「政治における嘘」が鋭い洞察力をもって扱った驚くべき事実と同じタイプの事実に言及する。事実とその隠蔽、嘘と本当といった対立とは別の次元にある問題である。

> わたしが考えている事実とは、公けに知られているにもかかわらず、それを知っている公衆自身が公然と口にすることを巧みに、またしばしば自発的にタブー視し、実際とは別様に、すなわち秘密であるかのように扱いうる事実である。〔…〕（ヒトラーのドイツやスターリンのロシアにおいてさえも、反ユダヤ主義や人種主義、共産主義に関して「異端的な」見解を支持したり口に出すよりも、その存在がけっして秘密ではなかった強制収容所や絶滅収容所について語ることのほうが危険であった。）（六八―六九頁）

ここでアーレントが言及しているのは、その事実を誰もが知っているのに、誰もそれを事実として語らない、そのような状態に他ならない。ドミノ理論がまったくの嘘であるのに、誰もそれが嘘であると語らないのとまったく同じである。この事態が恐ろしいのは、人間から、自分で考えて判断する能力を完全に奪い去ってしまうことがありうるからだ。無邪気な人間が、公けに知られている事実をふと語り始めてしまうこともあろう。その人物はすぐに、それを語ってはならないこと、語れば重大な危険が自分の身に迫ることを知る。そのとき、「だとしても、それは事実ではないか！」と声なき声で語りかけてくる自分自身に対して対話の道を閉ざしたとき、その人物は自分でものを考えるのをやめた人間になる。

他の誰にも「なぜそれを語ってはならないのか」とは問わず、ただ自分自身にだけそう問い続けることができるならば、その人物は思考というこの過酷な経験を生き抜くことができるのかもしれないが、しかし、それは並大抵のことではなかろう。仲間と共有していないものに固執することほど難しいことはないからだ（九八頁）。

伝統的な政治の嘘／現代の政治の嘘

なぜ現代において、事実の真理はこのような事態のもとに置かれることになったのか。秘密でないことが秘密であるかのように扱われ、すでに嘘であることが明らかになっている嘘に人びとが従うのはなぜなのか。この問いに答えようとするとき、有名な、伝統的な政治の嘘と現代の政治の嘘との区別が役に立つ。また、このような事態を引き起こす力学を描きだした概念として理解されるとき、この区別は十分にその意義を理解されたと言える。

伝統的な政治の嘘は、公けにされていなかった資料とか、ある政治的行為を行った際に何を目指していたのかといった意図に関わるのが常であった。つまり、事実とその隠蔽という対立を前提とした嘘である。ということは、伝統的な政治の嘘では、事実は事実として保持されている。事実を知っている人間（政治家や外交官など）がいて、彼らが政治的な理由から、敵を欺くために嘘をついているわけである。

では現代において政治の嘘はどう変貌したか。伝統的な嘘との差異を見るのが一番わかりやすいだろう。「伝統的な嘘は、第一に個々の事柄にのみ関わり、また第二に、まさしく全員を欺こうとする意図などけっしてもっていなかった。それは、敵に向けられており、敵のみを欺こうと意図していた」（九六頁）。つまり、現代の政治の嘘は、個々の事柄ではなくて、諸々の事実がその中に収まっているリアリティそのものの代替物を制作することをめざしており、またそれによって全員を欺くこと、敵というよりもむしろ自分自身をも含めた味方を欺くことを特徴としている。

最初に例としてあげられているのはイメージ作りである。穏やかな例に思えるかもしれないが、ここに現代の政治の嘘の本質はある意味ですべて現れている。イメージは「リアリティの完全な代用品」になることを目指している（九五頁）。だが、リアリティもそれを構成している諸事実も人びとの目の前にある。イメージがそれらと齟齬をきたす場合にはいったいどうするのか。事実のほうが否定されるのである。「いかなる周知の既成事実であろうと、それがイメージを傷つける恐れがあるときにはやはり否定されるか、無視される」（九五頁）。

ここで否定は強い意味で理解されなければならない。イメージと矛盾する事実や存在は、実際に破壊されるからである。誰もがよく知るトロツキーの事例はあまりに強烈である。ロシア革命で彼は何の役割も果たしていないと決められたとき、彼の暗殺が決まったのである（九六頁）。この意味で、

「こうした嘘はすべて、嘘の張本人が気づいているか否かに関わりなく、暴力の要素を潜ませている」と言うことができる（九六頁［傍点は引用者］）。

（もう一つ、印象的な一節を『全体主義の起原』からも引用しておこう。「ボリシェヴィキの精鋭組織は、「モスクワだけに地下鉄がある」という言明の本当の意味は他の都市の地下鉄はすべて破壊されねばならないということなのだとすぐ理解したから、パリで地下鉄を見ても、別に意外とは思わなかったのである」（『全体主義の起原 3——全体主義』大久保和郎・大島かおり訳、みすず書房、新版、二〇一七年、一四三頁））。

したがって、伝統的な嘘と現代の嘘の違いは、隠蔽することと破壊することの違いにほぼ等しい（九六頁）。ここに至って、「現代の政治の嘘は、秘密でないどころか実際には誰の眼にも明らかな事柄を効果的に取り扱う」（九五頁）ということの意味がよくわかってくる。現代の政治の嘘は、組織的な嘘によって全体的なイメージを作り出すとともに、必ず暴力の要素を潜ませている。これは人びとに、嘘とわかっていてもその嘘に従わねばならず、もはや秘密でないことでも秘密として扱わねばならないという強烈な圧力をもたらす。暴力が、事実とその隠蔽、嘘と本当といった対立とは別の次元を生み出しているのだ。

ただし、「政治における嘘」も参照するならば、現代の政治の嘘が作り出す事態は、必ずしも暴力だけを起源とするとは言い切れないようにも思われる。同論文は、政策決定に関わった、過剰に自信家の「問題解決者」という存在に注目している（一〇頁）。問題解決者たちは自分たちの理論に過剰な自信をもっている。自分たちの理論に基づいて、事態の進展を説明できる法則が発見できるはずだと信じて疑わない。ところが、当然、事態は彼らの思惑通りに進むはずがない。するとどうなるか。事実の真理は、すでに述べた通り、なぜああでなくてこうであるのかを規定する決定的な理由を何一つもたないのだった。事実は偶然である。そのとき、「合理的」であることを誇りとし（一二頁）、「理性の偶然性嫌い」（一三頁）にとりつかれていた彼らはこう考えた。偶然なことに頭を悩ます必要はない。理論と矛盾する事実は無視してもよい。いや、むしろ積極的に否定されねばならない。彼らはトロツキーを暗殺したような物理的な暴力は用いなかったかもしれないが、事実を否定し、破壊する強制力を働かせたと言うことができよう。

あからさまな暴力だけでなく、「地位、教育、業績に」（一一頁）基づく誤った権威によって行使される強制力の行使もまた、その効果として、先に言ったシニシズムをもたらす。事実とその隠蔽、嘘と本当といった対立とは別の次元において、嘘とわかっていてもその嘘に従い、もはや秘密でないことを秘密として扱う人間を生み出す。自分で考えて判断することをやめた人間を生み出す。

こうして、破壊と並ぶ、現代の政治の嘘の核心が見えてくる。強制力を起源とする場合であれ、物理的な暴力を起源とする場合であれ、重要なのは、現代の政治の嘘が、事実から始めていないということ、最初から嘘という幻想の中にいるということだ。本文の言い方を用いるならば、「欺瞞者たちは自己欺瞞から始めている」（三八頁）。嘘つきたちは自分たち自身に対して嘘をつくところから始めている。破壊はこのことの帰結に他ならない。最初から自己欺瞞の中にいるから、それを維持するために破壊が行われるのである。

したがって伝統的な政治の嘘と現代的な政治の嘘との最大の違いとは、順序の違いに他ならない。伝統的な政治の嘘は、事実から嘘へと向かう。だから現実の目標が保持される。現代的な政治の嘘は、嘘から出発し、それと矛盾する事実が現れたときにそれを破壊する。だから事実によって構成されている現実そのものの中での目標がズタズタにされてしまう。「政治における嘘」は戦争の目標が次々に変化していったこと、そして、そもそもその究極の目標が「権力ではないし利益でもなかった」ことに注意を促している（一八頁）。その理由は明らかだ。事実から出発していないからである。彼らの目標はなんとしてでも幻想という自分たちの住処《すみか》を守りぬくことなのだ。

自己欺瞞の円環を超えて

欺瞞から自己欺瞞への移行は直線的である。出発点に誰かに嘘をつく経験があり、そこから自己欺瞞に陥るというわけだ。それに対して自己欺瞞から始めた欺瞞者たちは円環の中にいる。嘘の内容と矛盾する事実に出会うたびにそれを破壊し、自己欺瞞の中に何度でも帰って行く。欺瞞から自己欺瞞へと進んできた者は、自らの経験の直線の発端を覚えているであろうから、そこから抜け出す可能性がある。最初から自己欺瞞の円環の中にいる者は、どれだけその欺瞞の内容と矛盾する事実に出会おうともそこから抜け出すことができない。彼らの欺瞞の内容を、事実をもってどれほど否定しようとも、彼らはびくともしない。彼らはそんなことはわかっているのである。

だが、この自己欺瞞の円環は本当に円環であろうか。先に、伝統的な政治の嘘／現代の政治の嘘の区別について使った力学という言葉はこの問いと関わっている。そんなことはわかっているという態度を、本稿では先にシニシズムと名付けた。実はこの語はアーレント自身から借りたものである。アーレントは『全体主義の起原』において、全体主義を用意した大衆社会の大衆のメンタリティを「軽信」と「シニシズム」の組み合わせとして描き出した。軽信とはここで、何事をもすぐに信じ、しかも同時に何事をも信じていない人びとの性質を指す。シニシズムとは、たとえ騙されたと分かっても、そんなことはわかっていたとうそぶく態度を指す。「この〔全体主義の大衆〕プロパガンダは、どんなにありそうもないことでも軽々しく信じてしまう聴衆、たとえ騙されたと分かっても、初めからみんな嘘だと心得ていたとけろりとしている聴衆を相手として想定し、それによって異常な成功を収めたのだった」（『全体主義の起原 3——全体主義』、前掲書、一三八頁）。

現代の政治の嘘というカテゴリーの適用対象は嘘をつく政治家や外交官たちであり、『全体主義の起原』のこの分析が対象としているのはその嘘が向けられる大衆であるから、確かに両者は社会における位置づけが違う。また、前者には、ここで言われているような意味での軽信を認めることはできないかもしれない。だが、だとしても、そこには共通性があるように思われる。軽信とシニシズムにどっぷりとつかった大衆もまた、一人一人が何らかの事実に触れるそのたびごとに、自分自身に対して、場合によっては周囲の他人に対して、嘘をつくのだ。そして、嘘が嘘だと分かっていてもそれに従うのである。

なぜここで『全体主義の起原』における大衆のメンタリティについての分析に言及したのかと言えば、同書がこのメンタリティを単なる大衆社会の結果としてのみ描き出しているのに対し、現代の政治の嘘というカテゴリーは、このメンタリティを発生させる力学を我々に教えてくれているように思われるからである。すなわち、最初から自己欺瞞の中にいると言われる欺瞞者たちも、実は単に最初から自己欺瞞の円環の中にずっといたわけではないことを教えてくれているように思われるからである。

現代の政治の嘘は必ず暴力の要素、あるいは何らかの強制力の要素を伴っているのだった。ひとたび自己欺瞞に陥るや人はその円環から逃れられないように見えるけれども、実際には何らかの力によってその円環も発生させられているのだ。発生させられているということは、それは何らかの仕方で、何らかの力によって、維持されているのである。自己欺瞞の円環はどうにもならない既成事実ではなくて、いつも何らかの力によって必死に維持されている構築物ではなかろうか。だとすれば、大衆社会の大衆は必ずしも、軽信とシニシズムに陥らざるを得ないと決まっているわけではないことになろう。「政治における嘘」と「真理と政治」の教えと、そこに提示される概念装置を通じて、我々は、『全体主義の起原』が描き出した大衆社会の運命を、大衆社会についての課題に変えることができる。

しかしこれはたいへん困難な課題であると思われる。軽信とシニシズムに対抗するために必要なものの一つは信念である。軽信とシニシズムのコラボレーションは、そもそも、それに支配された者たちに何らの信念もないことによって作動する。何も信じていないから何でも信じるのであり、何も信じていないから騙されてもけろりとしているのだ。おそらくは階級社会が大衆社会と最も異なる点は、ここにある。労働者に生まれた者は労働者として一生を終えなければならないのかもしれない。だが、労働者として生きる者は労働者としての価値観を身につける。場合によってはそれに誇りを感じる。それは信念として強力に作用する。大衆社会はそのような誇りの契機としての価値観を徹底的に破壊した。

だが階級社会に戻ることはできないし、それは望ましくもない。宗教的な信仰に頼らないこともももうすでに世俗的国家の原則として決まっている。ならば我々にはいかなる信念の契機が与えられているのか。我々はたとえば尊厳や人権といった何らかの世俗的な価値を信念の対象としうるのであろうか。階級とか国家とか民族といった限定的な集団を超えた普遍的価値は信念に値するものとなりうるのだろうか。しかも情報化社会は、軽信とシニシズムのコラボレーションに、かつては想像すらできなかったほどの速度を与えた。国会を襲撃しようと思わせるほどの「信念」であっても、あっと言う間に別のものに取って代わられる。しかも、おそらくは、けろりとする暇もないほどにすばやくである。

本稿が描いてきた課題は困難を極めている。しかし、何の手立てもないわけではない。アーレントが我々に届けてくれた分析ツールは、我々に依然として多くのことを教えてくれる。我々は時代を超えて我々に思考を促す哲学的概念の力を失ってはいない。また、この課題が無視されているわけでもない。現代の読書する人びとは、この分析ツールを与えてくれた思想家の名前をきちんと覚えていた。本書、「政治における嘘」と「真理と政治」の邦訳は、この課題を考えようとしている現代の読書する人びとに向けて送り届けられるものである。

（哲学。東京大学総合文化研究科教授）

人名索引

ア 行

カ 行

サ 行

タ　行

ナ　行

ハ　行

マ　行

ヤ 行

ラ 行

事項索引

ア　行

カ　行

サ　行

タ　行

著者略歴

(Hannah Arendt, 1906-1975)

ドイツのハノーファーに生まれる．ナチ政権成立後（1933）パリに，1941 年にアメリカに亡命．バークレー，シカゴ，プリンストン，コロンビア各大学の教授・客員教授，ニュー・スクール・フォー・ソーシャル・リサーチの哲学教授などを歴任した．著書『アウグスティヌスの愛の概念』（1929，みすず書房 2002）『全体主義の起原』全 3 巻（1951，みすず書房 1972，1974，2017）『人間の条件』（1958，筑摩書房 1994，ドイツ語版『活動的生』1960，みすず書房 2015）『ラーエル・ファルンハーゲン』（1959，みすず書房 1999，新版 2021）『エルサレムのアイヒマン』（1963，みすず書房 1969，2017）『革命について』（1963，筑摩書房 1995，ドイツ語版『革命論』1965，みすず書房 2022）『暗い時代の人々』（1968，筑摩書房 2005）『過去と未来の間』（1968，みすず書房 1994）『暴力について――共和国の危機』（1969，みすず書房 1973，2000）『精神の生活』全 2 巻（1978，岩波書店 1994）他．没後に編集されたものに『アーレント政治思想集成』全 2 巻（みすず書房 2002）『思索日記』全 2 巻（法政大学出版局 2006）『責任と判断』（筑摩書房 2007）『政治の約束』（筑摩書房 2008）『反ユダヤ主義――ユダヤ論集 1』『アイヒマン論争――ユダヤ論集 2』（みすず書房 2013）など．またヤスパース，ハイデガー，メアリー・マッカーシー，ハインリヒ・ブリュッヒャー，ゲルショム・ショーレムとの往復書簡集も邦訳されている．

訳者略歴

引田隆也〈ひきた・たかや〉 1953 年生まれ．早稲田大学大学院政治学研究科博士課程単位取得退学．政治思想史・政治理論専攻．元東京国際大学教授．著書『政治思想の現在』（共著，早稲田大学出版部，1990）『西洋政治思想史 II』（共著，新評論，1995）．訳書　アーレント『過去と未来の間』（共訳，みすず書房，1994）ほか

山田正行〈やまだ・まさゆき〉 1957 年生まれ．早稲田大学大学院政治学研究科博士課程単位取得退学．政治思想史・政治理論専攻．東海大学名誉教授．著書『逆光の政治哲学――不正義から問い返す』（共著，法律文化社，2016）『アーレント読本』（共著，法政大学出版局，2020）．訳書　アーレント『暴力について――共和国の危機』（みすず書房，2000）ほか．

解説者略歴

國分功一郎〈こくぶん・こういちろう〉 1974 年生まれ．東京大学大学院総合文化研究科博士課程修了．博士（学術）．現在　東京大学大学院総合文化研究科教授．哲学．著書に『スピノザの方法』（みすず書房，2011）『暇と退屈の倫理学』（朝日出版社，2011，新潮文庫，2022）『中動態の世界――意志と責任の考古学』（医学書院，2017）『スピノザ――読む人の肖像』（岩波新書，2022）ほか．訳書にデリダ『マルクスと息子たち』（岩波書店，2004），ドゥルーズ『カントの批判哲学』（ちくま学芸文庫，2008），ガタリ『アンチ・オイディプス草稿』（みすず書房，2010 共訳）ほか．

ハンナ・アーレント

真理と政治／政治における嘘

引田隆也・山田正行 訳

國分功一郎 解説

2024年 7月10日　第1刷発行

発行所 株式会社 みすず書房
〒113-0033 東京都文京区本郷2丁目20-7
電話 03-3814-0131(営業) 03-3815-9181(編集)
www.msz.co.jp

本文組版 キャップス
本文印刷所 三陽社
扉・表紙・カバー印刷所 リヒトプランニング
製本所 松岳社
装丁 安藤剛史

ISBN 978-4-622-09711-2
[しんりとせいじせいじにおけるうそ]